박문각

합격을 결정짓는

김화현 필수서

민법·민사특별법 1차

박문각 공인중개사

브랜드만족
1위
박문각

2025

근거자료
별면표기

CONTENTS

이 책의 차례

PART
03

계약법

PART
04

민사특별법

민법 총칙

Chapter 01 총칙

1. 법률관계

인간의 생활관계 중에서 법규범이 규율하는 생활관계를 법률관계라고 한다.
법률요건이란 일정한 법률효과 또는 권리변동을 발생하게 하는 원인을 의미한다. 법률요건은 당사자의 의사를 기초로 하여 당사자가 원하는 대로 법률효과가 발생하는 **법률행위**와 당사자의 의사와 무관하게 법률효과가 발생하는 **법률규정**이 있다.

2. 물권과 채권

재산권은 물권과 채권으로 분류할 수 있는데, 물건 기타 재산권을 직접적·배타적으로 지배할 수 있는 권리를 **물권**이라고 하고, 특정인(채권자)이 다른 특정인(채무자)에 대하여 일정한 행위(급부)를 요구할 수 있는 권리를 **채권**이라고 한다.
물권행위는 이행의 문제를 남기지 않는 **처분행위**이다. 따라서 이행의 문제를 남기는 **의무부담행위**인 **채권행위**와는 구별된다. 처분행위는 처분권이 있는 자만 할 수 있으므로 무권리자의 처분행위는 **무효**이다. 반면 의무부담행위는 처분권이 없어도 할 수 있으므로 타인 권리의 매매(또는 임대차 등)도 **유효**하다.

3. 권리의 취득

특정(특별)승계란 개개의 취득원인에 의하여 개개의 권리를 취득하는 경우를 말한다 (매매, 증여 등). 한편 **포괄승계**란 하나의 취득원인에 의하여 수 개의 권리를 일괄적으로 취득하는 경우를 말한다(상속 등).

4. 요식행위 불요식행위

① **요식행위** : 법률이 정하는 일정한 방식에 따라야 법률행위가 성립하거나 효력이 발생하는 행위를 말한다(법인의 설립, 혼인, 유언, 집합건물법 제48조 등).
② **불요식행위** : 특별한 방식을 요하지 않는 법률행위를 말한다. 계약자유의 원칙상 민법상 법률행위는 불요식행위가 원칙이다.

02 법률행위

01 법률행위의 의의

법률행위란 일정한 법률효과의 발생을 목적으로 하는 **의사표시**를 필요불가결의 요소로 하는 법률요건을 말한다. 따라서 의사표시가 무효 또는 취소되면 법률행위도 무효 또는 취소가 된다.

1. 단독행위

① 상대방 있는 단독행위 : 동의, 채무면제, 해제, 해지, 추인, 취소 등

② 상대방 없는 단독행위 : 소유권 포기, 유언(유증), 재단법인 설립행위 등

③ 단독행위에는 원칙적으로 조건과 기한을 붙일 수 없다. 다만 **상대방에게 불리하지 않은 경우**(채무의 면제, 유언 등), **상대방이 동의한 경우**에는 조건이나 기한을 붙일 수 있다.

④ 단독행위는 대부분 **형성권**이다.

2. 계 약

계약이란 **2개** 이상의 의사표시가 **합치**하여 성립하는 법률행위이다.

02 법률행위의 해석방법

1. 자연적 해석

(1) 의 의

내심의 효과의사와 표시행위가 서로 일치하지 않는 경우에 표의자의 실제의사 즉, **내심적 효과의사**를 밝히는 해석이다(**표의자의 시각**).

(2) 오표시 무해의 원칙 – 착오 취소 X

부동산의 매매계약에 있어 쌍방 당사자가 모두 특정의 **X토지**에 관하여 **매매계약**을 체결하였으나 계약을 체결함에 있어서는 계약서상 그 목적물을 X토지와 별개인 **Y토지**로 **표시**한 경우

① 당사자가 합의한 **X토지**에 관하여 **매매계약**은 **성립하므로** 착오를 이유로 **취소할 수 없다.** 한편 Y토지에 대해서는 매매계약이 성립하지 않았으므로 **취소할 수 없다.**

② 만일 Y토지에 대해서 매수인 명의로 소유권이전등기가 마쳐졌다면 이는 원인 없이 경료된 것으로서 **무효**이다.

2. 규범적 해석

내심의 효과의사와 표시행위가 서로 일치하지 않는 경우에 상대방의 시각에서 **표시행위**에 따라 법률행위의 내용을 해석하는 방법이다(**상대방의 시각**).

03 법률행위의 요건

1. 법률행위의 일반적 성립요건

법률행위가 성립하려면 ① **당사자** ② 법률행위의 **목적(내용)** ③ **의사표시**가 존재하여야 한다.

2. 법률행위의 일반적 효력(발생)요건

성립요건을 갖춘 법률행위가 그 내용대로의 효력을 발생하기 위해서 일반적으로 요구되는 요건은 다음과 같다.

① 당사자가 **능력(권리능력 · 의사능력 · 행위능력)**이 있을 것

② 목적이 **확정성, 가능성, 적법성, 사회적 타당성**이 있을 것

③ 의사와 표시가 **일치**하고 **하자가 없을 것**

04　법률행위의 당사자

법률행위가 유효하기 위해서는 당사자에게 권리능력·의사능력·행위능력이 있어야 한다.

1. 권리능력

자연인은 생존한 동안 권리와 의무의 주체가 된다. 한편 **자연인** 이외에 **법인**도 일정 범위에서 권리와 의무의 주체가 될 수 있다.

2. 의사능력

유아 또는 만취자와 같은 의사무능력자의 법률행위는 **무효**이다.

3. 행위능력

민법은 제한능력자로 미성년자, 피한정후견인, 피성년후견인을 정하고 있다.

> **제4조(성년)** 사람은 19세로 성년에 이르게 된다.
> **제5조(미성년자의 능력)** ① 미성년자가 법률행위를 함에는 **법정대리인의 동의**를 얻어야 한다.
> ② 전항의 규정에 위반한 행위는 **취소**할 수 있다.
> **제12조(한정후견개시의 심판)** ① 가정법원은 질병, 장애, 노령, 그 밖의 사유로 인한 정신적 제약으로 사무를 처리할 **능력이 부족**한 사람에 대하여 ~ 한정후견개시의 **심판**을 한다.
> **제9조(성년후견개시의 심판)** ① 가정법원은 질병, 장애, 노령, 그 밖의 사유로 인한 정신적 제약으로 사무를 처리할 **능력이 지속적으로 결여**된 사람에 대하여 ~ 성년후견개시의 **심판**을 한다.

05　법률행위의 목적(내용)

1. 서 설

법률행위가 유효하기 위해서는 ① 법률행위의 목적을 **확정**할 수 있어야 하고, ② 그 목적은 실현**가능**하여야 하며, ③ 적법하고 ④ **사회적 타당**성이 있어야 한다.

2. 목적의 확정

매매계약의 경우 매매목적물과 대금은 반드시 그 계약 체결 당시에 구체적으로 **확정해야 하는 것은 아니고** 이를 사후에라도 구체적으로 확정할 수 있는 방법과 기준이 정하여져 있으면 충분하다(유효).

3. 목적의 가능

① 법률행위의 목적은 실현가능한 것이어야 한다.

② 법률행위의 목적이 원시적 불능인 경우에는 그 법률행위는 **무효**이지만, 후발적 불능인 경우에는 그 법률행위는 **유효**하다.

4. 목적의 적법

법률규정은 **임의규정**과 **강행규정**으로 나눌 수 있다.

(1) 임의규정(법규)

임의규정은 당사자의 의사에 의하여 그 적용을 배제할 수 있는 규정이다. 따라서 당사자가 임의규정과 다른 약정을 한 경우, 그 약정은 **유효**하다.

(2) 강행규정(법규)

1) 의 의
강행규정은 효력규정과 단속규정으로 구분된다.

2) 효력규정과 단속규정
① 단속규정

강행규정 중 단속규정에 위반하는 법률행위는 일정한 제재를 받을 수 있지만 그 사법상의 효력은 무효가 되지 않는다(**유효**).

㉠ 무허가음식점의 음식물 판매행위, 무허가 숙박업 등은 일정한 처벌을 받을 수 있지만 사법상 효력은 유효하다.

㉡ 미등기전매는 형사처벌되지만 당사자 사이의 **중간생략등기**의 사법상 효력까지 무효가 되는 것은 아니다.

㉢ 개업공인중개사 등이 중개의뢰인과 **직접 거래**를 금지하는 공인중개사법 규정은 단속규정이다.

② 효력규정

㉠ 강행규정 중 효력규정에 위반하는 법률행위는 **무효**이다.

㉡ 관련 법령에서 정한 한도를 초과하는 부동산 중개수수료 약정은 그 한도를 **초과**하는 범위 내에서 **무효**이다.

3) 강행규정 위반의 효과

① 강행규정(효력규정)에 위반하는 법률행위는 **절대적 무효**이다. 따라서 **추인**에 의해 유효한 것으로 할 수 없고, **표현대리의 법리**도 적용되지 않으며, **선의의 제3자**에게도 대항할 수 있다.

② **강행규정(효력규정)에 위반한 자**가 스스로 그 약정의 무효를 주장하는 것은 신의칙에 반하지 않는다.

5. 목적의 사회적 타당

(1) 반사회적인 법률행위

> **제103조(반사회질서의 법률행위)** 선량한 풍속 기타 사회질서에 위반한 사항을 내용으로 하는 법률행위는 무효로 한다.
> **제741조(부당이득의 내용)** 법률상 원인 없이 타인의 재산 또는 노무로 인하여 이익을 얻고 이로 인하여 타인에게 손해를 가한 자는 그 이익을 반환하여야 한다.
> **제746조(불법원인급여)** 불법의 원인으로 인하여 재산을 급여하거나 노무를 제공한 때에는 그 이익의 반환을 청구하지 못한다. 그러나 그 불법원인이 수익자에게만 있는 때에는 그러하지 아니하다.

1) 사회질서 위반의 효과

사회질서 위반의 법률행위는 무효이므로 이행하기 전에는 이행할 필요가 없다. 그러나 이행한 후에는 불법원인급여에 해당하여 **부당이득반환청구권**을 행사할 수 없고 **소유권에 기한 물권적 청구권**도 행사할 수 없다.

2) 판단시기

법률행위가 사회질서에 반하는지 여부에 대한 판단은 **법률행위 당시**를 기준으로 하는 것이 원칙이다.

3) 반사회적 법률행위에 해당 여부

① 단지 법률행위의 성립과정에서 **강박**이라는 불법적 방법이 사용된데 불과한 때에는 반사회질서의 법률행위로서 무효라고 할 수는 없다.

② **강제집행**을 면할 목적으로 부동산에 허위의 근저당권설정등기를 경료하는 행위는 반사회질서의 법률행위로 볼 수 없다.

③ **통정허위표시** 자체가 곧 반사회적인 행위에 해당하지 않는다.

④ 무효인 **명의신탁약정**에 기하여 타인 명의의 등기가 마쳐졌다는 이유만으로 그것이 당연히 불법원인급여에 해당한다고 볼 수 없다.

⑤ **양도소득세(조세)**를 회피할 목적으로 실제 거래대금보다 낮은 금액으로 매매계약을 체결한 행위는 반사회적 법률행위로서 무효가 아니다.

⑥ **형사사건에서의 성공보수약정**은 선량한 풍속 기타 사회질서에 위배되는 것으로 평가할 수 있다(**민사사건에서의 성공보수약정**은 반사회적 법률행위에 해당하지 않는다).

⑦ 소송에서 **증언**하여 주는 대가로 용인될 수 있는 정도를 **초과**하는 급부를 제공받기로 한 약정은 반사회질서행위에 해당하여 **무효**로 된다. 한편 법정에서 **허위진술**을 해주는 대가로 금원을 교부받기로 한 약정은 대가의 상당성 여부를 고려할 필요 없이 제103조에 해당하여 무효이다.

⑧ 혼인질서에 반하는 **부첩계약**은 처의 동의가 있더라도 무효이다.

⑨ 다수의 보험계약을 통하여 보험금을 부정취득할 목적으로 체결한 보험계약은 반사회질서 법률행위로 무효이다.

⑩ 공무원의 직무에 관하여 특별한 청탁을 하고 그 보수로 고액의 금전을 지급할 것을 내용으로 한 약정은 반사회질서 법률행위로 무효이다.

⑪ 도박자금을 대여하기로 하거나 도박채무의 변제계약은 무효이다.

⑫ 도박채무의 변제를 위하여 채무자로부터 부동산의 처분을 위임받은 채권자가 그 부동산을 제3자에게 매도한 경우, **도박채무 부담행위는** 무효이지만, 부동산 처분에 관한 **대리권을 도박 채권자에게 수여**한 행위, 선의의 제3자가 위 **부동산을 매수한 행위는** 무효가 아니다.

⑬ 반사회적 행위에 의해 조성된 비자금을 소극적으로 은닉하기 위해 체결한 **임치**약정은 반사회질서의 법률행위에 해당하지 않는다.

4) 부동산의 이중매매

① 원칙(선의·악의 불문) : 유효

부동산 이중매매는 원칙적으로 **유효**하다. 따라서 소유권이전등기를 먼저 경료한 제2매수인은 그의 **선의·악의를 불문**하고 소유권을 취득한다. 이 경우 제1매매는 이행불능이 되어 제1매수인은 매도인을 상대로 최고 없이 계약을 **해제**하고 **손해배상청구를** 할 수 있다.

② 제2매수인이 적극 가담한 경우 : 무효

    ㉠ 이중매매가 무효인 경우, 제1매수인은 제2매수인에게 **직접** 등기의 말소를 청구할 수 없고 **채권자취소권**을 행사할 수 없으나, **매도인을 대위**하여 제2매수인에게 등기의 말소를 청구할 수 있다.

    ㉡ 이중매매가 무효인 경우 이는 **절대적 무효**이므로 제2매수인으로부터 그 부동산을 전득한 자는 선의이더라도 소유권을 취득할 수 없으며, 이중매매계약이 **유효**하다고 **주장**할 수 **없다.**

    ㉢ **대리인**이 매도인의 배임행위에 **적극가담**하여 부동산을 이중으로 매수한 경우, 본인이 선의라도 부동산의 소유권을 취득할 수 없다.

6. 불공정한 법률행위

> **제104조(불공정한 법률행위)** 당사자의 궁박, 경솔 또는 무경험으로 인하여 현저하게 공정을 잃은 법률행위는 무효로 한다.

(1) 불공정한 법률행위의 효과

    ① 불공정한 법률행위는 **추인**하여도 유효가 되지 않는다.

    ② 다만 매매대금의 과다로 인하여 매매계약이 불공정한 법률행위에 해당하여 무효인 경우에도 **무효행위의 전환**에 관한 제138조가 적용될 수 있다.

    ③ **경매**는 법률해위가 아니므로 민법 제104조가 적용될 여지가 없다.

    ④ **무상행위(증여, 기부행위)**는 민법 제104조가 적용될 여지가 없다.

    ⑤ 불공정한 법률행위에 해당하는지는 **법률행위 당시**를 기준으로 판단한다.

(2) 불공정한 법률행위의 성립요건

    ① 급부와 반대급부 사이에 **현저한 불균형**이 있어야 한다.

    ② 피해자의 궁박, 경솔 또는 무경험이 있어야 한다.

        ㉠ 궁박이란 반드시 **경제적**인 것에 한하지 않고 **정신적**인 것도 포함된다.

        ㉡ 무경험이란 어느 **특정 영역**에 있어서의 경험부족이 아니라 **거래일반**에 대한 경험부족을 의미한다.

        ㉢ 대리인에 의한 법률행위인 경우에는 **궁박** 여부는 **본인**을 기준으로 판단하지만, **경솔무경험** 여부는 **대리인**을 기준으로 판단한다.

    ③ 상대방(폭리자)은 피해자의 이러한 사실을 **알면서 이용하려는 의사**(폭리악의)를 가지고 있어야 한다.

06 의사표시

1. 서 설

의사표시에 관한 민법규정은 정상적 의사표시를 규율하고 있는 것이 아니라 **비정상적 의사표시**를 규율하고 있다.

2. 의사와 표시의 불일치

> ※ 제107조~제110조의 공통점
> ① **가족법상 행위, 소송행위 등 공법행위**에는 적용되지 않는다.
> ② **선의의 제3자 보호**규정이 있다(상대적 무효·취소).

(1) 진의 아닌 의사표시

> **제107조(진의 아닌 의사표시)** ① 의사표시는 표의자가 진의 아님을 알고 한 것이라도 그 **효력이 있다.** 그러나 **상대방이** 표의자의 진의 아님을 **알았거나 이를 알 수 있었을 경우**에는 **무효**로 한다.
> ② 전항의 의사표시의 무효는 선의의 제3자에게 대항하지 못한다.

① 진의 아닌 의사표시란 표의자가 진의 아님을 알고 한 의사표시를 말한다. 상대방과 **통정**이 없다는 점에서 통정허위표시와 구별된다.

② '진의'란 **특정한 내용**의 의사표시를 하고자 하는 표의자의 생각을 말하는 것이지 표의자가 **진정으로 마음속에서 바라는 사항**을 말하는 것이 아니다.

(2) 통정허위표시

> **제108조(통정한 허위의 의사표시)** ① 상대방과 통정한 허위의 의사표시는 무효로 한다.
> ② 전항의 의사표시의 무효는 선의의 제3자에게 대항하지 못한다.

1) 은닉행위

① 甲은 乙에게 X부동산을 **증여**하면서 증여세를 면탈할 목적으로 **매매**로 가장하여 乙명의로 소유권이전등기를 마쳤다. 그리고 乙이 다시 X부동산을 丙에게 매도하여 소유권이전등기를 마쳤다.

② 사안의 해결
甲과 乙 사이의 **매매계약**은 허위표시로서 **무효**이지만, **증여계약**(은닉행위)은 **유효**하다. 따라서 乙은 X부동산에 대하여 유효하게 소유권을 취득한다. 그리고 乙로부터 전득한 丙은 **선의·악의를 불문**하고 유효하게 소유권을 취득한다.

2) 통정허위표시

① 사 례

㉠ 甲은 채권자 A의 강제집행을 면할 목적으로 자신 소유의 X부동산에 대하여 친구 乙과 **통정**하여 **매매**계약을 하여 乙명의로 소유권이전등기를 마쳤다. 그리고 乙은 이를 다시 丙에게 매도하고 소유권이전등기를 마쳤다.

㉡ 사안의 해결

乙명의의 등기는 무효이지만, 乙로부터 X부동산을 취득한 **丙이 선의**라면 丙은 유효하게 소유권을 취득한다. 그리고 선의의 丙으로부터 X부동산을 취득한 丁은 **선의·악의를 불문**하고 유효하게 소유권을 취득한다.

반면 乙로부터 X부동산을 취득한 **丙이 악의**라면 丙은 유효하게 소유권을 취득하지 못한다(무효). 그리고 악의의 丙으로부터 X부동산을 취득한 丁은 **선의인 경우에만** 유효하게 소유권을 취득한다.

② 의 의

통정허위표시가 성립하기 위해서는 진의와 표시의 불일치에 관하여 상대방과 **통정(합의)**이 있어야 한다.

③ 통정허위표시의 효과

허위표시의 무효는 선의의 제3자에게 대항하지 못한다. 제3자는 선의이면 **과실**이 있더라도 보호된다. 한편 제3자는 **선의로 추정**되므로 스스로 선의임을 입증할 필요 없고, **무효를 주장하는 자**가 제3자의 악의를 입증하여야 한다.

3) 허위표시의 제3자

제3자에 해당하는 자	제3자에 해당하지 않는 자
① 가장매매의 매수인으로부터 그 목적 부동산을 다시 매수한 자 ② 통정허위표시에 의해 설정된 전세권(가장전세권)에 대해 저당권을 설정받은 자 ③ 통정허위표시에 의한 채권(가장채권)을 가압류한 자 ④ 가장소비대차에 따른 대여금채권(가장채권)의 양수인 ⑤ 가장소비대차에서 가장소비대주가 파산한 경우에 있어서 그 **파산관재인**은 파산채권자 일부가 선의이면 선의로 다루어진다.	① 제3자를 위한 계약의 **제3자(수익자)** ② **대리인**에 의한 가장매매에 있어서 **본인** ③ 가장매매 매수인의 선의의 **상속인** ④ 채권의 가장양도에서 전채무자 ⑤ 가장소비대차의 계약상의 지위를 이전받은 자

(3) 착오로 인한 의사표시

> **제109조(착오로 인한 의사표시)** ① 의사표시는 법률행위의 **내용**의 **중요부분**에 착오가 있는 때에는 취소할 수 있다. 그러나 그 착오가 표의자의 **중대한 과실**로 인한 때에는 취소하지 못한다.
> ② 전항의 의사표시의 취소는 선의의 제3자에게 대항하지 못한다.

1) 착오 일반

① 착오에 관한 규정은 **임의규정**이므로, 당사자 사이에 착오를 이유로 취소하지 않기로 하는 약정이 있었다면 취소할 수 없다.

② 동기가 상대방에게 **표시**되었거나 또는 동기가 표시되지 않았더라도 **상대방**에 의해 **유발**된 동기의 착오는 중요부분의 착오가 될 수 있다.

2) 착오 취소 요건

① 법률행위의 내용의 중요부분에 착오가 있을 것

만일 착오로 인하여 표의자가 무슨 **경제적인 불이익**을 입은 것이 아니라고 한다면 이를 법률행위 내용의 중요부분의 착오라고 할 수 없다.

② 표의자에게 중대한 과실이 없을 것

㉠ 착오를 이유로 취소하기 위해서는 표의자에게 중대한 과실이 없어야 한다. 다만 표의자에게 중과실이 있더라도 상대방이 **알면서** 이를 **이용**한 경우에는 표의자는 의사표시를 취소할 수 있다.

㉡ 표의자에게 **(경)과실**이 있는 경우에는 취소할 수 있다.

3) 착오의 효과

① 불법행위책임 성립 여부

> **제750조(불법행위의 내용) 고의 또는 과실**로 인한 **위법행위**로 타인에게 **손해를 가한 자**는 그 손해를 배상할 책임이 있다.

착오자에게 (경)과실이 있었더라도 취소로 인하여 손해를 입은 상대방은 **불법행위**에 의한 손해배상을 청구할 수 없다.

② 매도인이 계약을 적법하게 **해제**한 후에도 매수인은 계약해제에 따른 불이익을 면하기 위하여 착오를 이유로 **취소권**을 행사할 수 있다.

③ 매매계약 내용의 중요 부분에 착오가 있는 경우 **매도인의 하자담보책임이 성립하는지와 상관없이** 착오를 이유로 한 매수인의 취소권은 배제되지 않는다.

3. 하자 있는 의사표시

> 제110조(사기·강박에 의한 의사표시) ① 사기나 강박에 의한 의사표시는 **취소**할 수 있다.
> ② 상대방 있는 의사표시에 관하여 제3자가 사기나 강박을 행한 경우에는 **상대방이 그 사실을 알았거나 알 수 있었을 경우에 한하여** 그 의사표시를 취소할 수 있다.
> ③ 전2항의 의사표시의 취소는 선의의 제3자에게 대항하지 못한다.

(1) 하자 있는 의사표시의 효과

1) 상대방의 사기·강박의 경우

상대방의 사기·강박에 의한 의사표시의 경우에는 표의자는 그 의사표시를 취소할 수 있다.

2) 제3자의 사기·강박의 경우

① 의 의

상대방 있는 의사표시의 경우에는 표의자가 제3자의 사기·강박에 의하여 의사표시를 하였다는 사실을 **상대방이 알았거나 알 수 있었을 경우에 한하여** 그 의사표시를 취소할 수 있다.

② 제3자의 사기·강박에의 해당 여부

㉠ **대리인**이 사기나 강박을 한 경우에는 제3자의 사기·강박에 해당하지 않고 제110조 제1항이 적용된다. 따라서 대리인의 기망행위에 의해 계약이 체결된 경우, 계약의 상대방은 본인이 **선의이더라도** 계약을 취소할 수 있다(몰라도 취소).

㉡ 제3자의 사기로 계약을 체결한 경우, 피해자는 그 계약을 **취소하지 않고** 그 제3자에게 불법행위책임을 물을 수 있다.

(2) 사기(기망)에 의한 의사표시

① 기망행위는 작위에 의하는 것이 일반적이나, 어떠한 상황을 고지할 의무가 있는 사람이 이를 알리지 않는 **부작위**에 의한 기망행위가 될 수 있다. 즉 아파트 분양자는 아파트단지 인근에 공동묘지가 조성되어 있는 사실을 분양계약자에게 고지하여야 할 의무가 있으며, 이러한 고지의무 위반은 부작위에 의한 기망행위에 해당한다.

② 교환계약의 일방 당사자가 자기가 소유하는 목적물의 **시가**를 묵비하여 상대방에게 고지하지 아니하거나 혹은 허위로 시가보다 높은 가액을 시가라고 고지하였다 하더라도 이는 상대방의 의사결정에 불법적인 간섭을 한 것이라고 볼 수 없다(**시가 : 착오 X, 사기 X**).

(3) 강박에 의한 의사표시

강박의 정도가 극심하여 표의자의 의사결정의 자유가 **완전히 박탈**되는 정도에 해당하는 경우에는 **무효**이다.

4. 의사표시의 효력발생

(1) 의사표시의 효력발생시기

> **제111조(의사표시의 효력발생시기)** ① 상대방 있는 의사표시는 그 통지가 상대방에 **도달한 때**로부터 그 효력이 생긴다.
> ② **표의자**가 그 통지를 발송한 후 사망하거나 제한능력자가 되어도 의사표시의 효력에 **영향을 미치지 아니한다.**

1) 도달주의의 원칙

① 도달이란 사회통념상 상대방이 통지의 내용을 알 수 있는 객관적 상태에 놓여 있는 경우를 가리키는 것(**요지가능성**)으로서, 상대방이 통지를 현실적으로 수령하거나 통지의 내용을 알 것까지는 필요로 하지 않는다.

② 상대방이 정당한 사유 없이 통지의 수령을 거절한 경우에는 상대방이 그 통지의 내용을 알 수 있는 객관적 상태에 놓여 있는 때에 의사표시의 효력이 생기는 것으로 보아야 한다.

③ 의사표시가 **도달 후**에는 표의자는 이를 철회할 수 없지만, **도달 전**에는 임의로 철회할 수 있다.

④ **보통우편**과는 달리, **내용증명우편**이나 **등기우편**이 발송되고 달리 반송되지 아니하였다면 특별한 사정이 없는 한 그 무렵에 송달되었다고 보아야 한다.

2) 예외적 발신주의

① 무권대리인의 상대방의 최고에 대한 본인의 확답(제131조 - **무최발**)
② 격지자 간의 계약의 승낙의 통지(제531조 - **격승발**)

(2) 기타 규정

> **제112조(제한능력자에 대한 의사표시의 효력)** 의사표시의 **상대방**이 의사표시를 받은 때에 제한능력자인 경우에는 의사표시자는 그 의사표시로써 대항할 수 없다. 다만, 그 상대방의 **법정대리인**이 의사표시가 도달한 사실을 **안 후**에는 그러하지 아니하다.
> **제113조(의사표시의 공시송달)** 표의자가 **과실 없이** 상대방을 알지 못하거나 상대방의 소재를 알지 못하는 경우에는 의사표시는 민사소송법 공시송달의 규정에 의하여 송달할 수 있다.

법률행위의 대리

01 총 설

1. 대리제도란 타인 즉, 대리인이 본인의 이름으로 법률행위를 하거나 의사표시를 수령함으로써 그 법률효과를 직접 본인에게 귀속시키는 제도를 말한다.

2. 내심적 효과의사를 결정하는데 있어서 대리에서는 **대리인**이 결정하지만, 사자에 있어서는 **본인**이 결정한다.

02 대리권

1. 대리권의 발생원인

(1) 법정대리권

법정대리권은 법률의 규정 등에 의해 발생한다.

(2) 임의대리권

1) 임의대리권은 본인이 대리인에게 대리권을 수여하는 행위에 의해 발생하는데, 이러한 대리권수여행위를 **수권행위**라고 한다.

2) 수권행위는 **불요식 행위**이다. 따라서 보통 위임장이라는 서면을 교부하는 것이 일반적이지만 구두에 의한 수권행위도 가능하다.

2. 대리권의 범위

(1) 법정대리권의 범위

법정대리권의 범위는 법률의 규정에 의해 정해진다.

(2) 임의대리권의 범위

1) 수권행위로 권한범위를 정한 경우

① 매매계약을 체결할 대리권을 수여받은 대리인은 특별한 사정이 없는 한 그 매매계약에서 약정한 바에 따라 **중도금이나 잔금을 수령할 권한**도 있다고 보아야 하고, 약정된 대금지급**기일을 연기해 줄 권한**도 있다.

② 매매계약을 체결할 권한을 수여받은 대리인에게 그 계약관계를 **해제(취소)**할 권한은 없다.

2) 수권행위로 권한을 정하지 않은 경우

> **제118조(대리권의 범위)** 권한을 정하지 아니한 대리인은 다음 각 호의 행위만을 할 수 있다.
> 1. 보존행위
> 2. 대리의 목적인 물건이나 권리의 **성질을 변하지 아니하는 범위 내**에서 그 이용 또는 개량행위

3. 대리권의 제한

(1) 자기계약 쌍방대리

> **제124조(자기계약, 쌍방대리)** 대리인은 **본인의 허락**이 없으면 본인을 위하여 자기와 법률행위를 하거나 동일한 법률행위에 관하여 당사자 쌍방을 대리하지 못한다. 그러나 **채무의 이행**은 할 수 있다.

자기계약이나 쌍방대리는 원칙적으로 허용되지 않으나, 본인의 허락이 있거나 다툼이 없는 채무의 이행의 경우에는 예외적으로 허용된다. 즉, 甲으로부터 X건물을 매도할 대리권을 수여받은 乙은 甲의 허락이 있으면 甲을 대리하여 자신을 X건물의 매수인으로 하는 계약(자기계약)을 체결할 수 있다.

(2) 각자 대리

> **제119조(각자대리)** 대리인이 수인인 때에는 **각자**가 본인을 **대리**한다.

4. 대리권의 소멸

(1) 공통의 소멸원인

> **제127조(대리권의 소멸사유)** 대리권은 다음 각 호의 어느 하나에 해당하는 사유가 있으면 소멸된다.
> 1. **본**인의 **사**망
> 2. **대**리인의 **사**망, **성**년후견의 개시 또는 **파**산

(2) 임의대리권 특유의 소멸원인

> **제128조(임의대리의 종료)** 법률행위에 의하여 수여된 대리권은 전조의 경우 외에 그 **원인된 법률관계의 종료**에 의하여 소멸한다. 법률관계의 종료 전에 본인이 **수권행위를 철회**한 경우에도 같다.

03 대리행위

1. 대리의사의 표시(현명주의)

(1) 현명주의의 의의

> **제114조(대리행위의 효력)** ① 대리인이 그 권한 내에서 본인을 위한 것임을 표시한 의사표시는 직접 본인에게 대하여 효력이 생긴다.

대리인은 반드시 대리인임을 표시하여 의사표시를 하여야 하는 것은 아니고 **본인 명의**로도 할 수 있다.

(2) 현명하지 않은 행위의 효과

> **제115조 (본인을 위한 것임을 표시하지 아니한 행위)** 대리인이 본인을 위한 것임을 표시하지 아니한 때에는 그 의사표시는 **자기**를 위한 것으로 본다. 그러나 상대방이 대리인으로서 한 것임을 알았거나 알 수 있었을 때에는 직접 본인에게 대하여 효력이 생긴다.

대리인이 매매계약서에 대리관계의 표시 없이 대리인 자신의 이름만을 기재하였다고 하더라도 매매**위임장을 제시**하고 매매계약을 체결하였다면 특별한 사정이 없는 한 본인을 대리하여 매매행위를 하는 것이라고 보아야 한다.

2. 대리인의 능력

대리인은 행위능력자임을 요하지 않는다(제117조). 따라서 본인이나 법정대리인은 대리인의 **제한능력을 이유로** 대리행위를 **취소**하지 못한다.

3. 대리행위의 하자

> **제116조(대리행위의 하자)** ① 의사표시의 효력이 의사의 흠결, 사기, 강박 또는 어느 사정을 알았거나 과실로 알지 못한 것으로 인하여 영향을 받을 경우에 그 사실의 유무는 **대리인을 표준**으로 하여 결정한다.

대리에 있어서 대리행위의 당사자는 대리인이므로 대리행위의 하자는 **대리인**을 기준으로 결정한다. 다만 불공정한 법률행위에 있어서 **궁박** 여부는 **본인**을 기준으로 결정한다.

04 대리행위의 효과

대리인이 그 권한 내에서 본인을 위한 것임을 표시한 의사표시는 직접 본인에게 대하여 효력이 있다. 의사표시의 효과뿐만 아니라 그 부수적인 효과인 취소권, 해제권, 무효의 주장 등도 **본인**에게 귀속한다.

05 복대리

1. 서 설

(1) 복대리의 의의

복대리인이란 **대리인이** 그의 권한 내의 행위를 행하게 하기 위해서 대리인 자신의 이름으로 **선임한 본인의 대리인**이다.

(2) 복대리인의 법적성질

① 복대리인은 대리인의 대리인이 아니라 **본인의 대리인**이다.
② 복대리인은 그 권한 내에서 **본인의 이름**으로 대리행위를 하며 **본인을 대리**한다.
③ 복대리인은 대리인이 선임한 자이다. 따라서 대리권이 소멸하면 복대리권도 소멸한다.
④ 복대리인은 본인이나 제3자에 대하여 대리인과 동일한 권리의무가 있다(제123조).

2. 대리인의 복임권과 책임

> **제120조(임의대리인의 복임권)** 대리권이 법률행위에 의하여 부여된 경우에는 대리인은 **본인의 승낙**이 있거나 **부득이한 사유**가 있는 때가 아니면 복대리인을 선임하지 못한다.
>
> **제121조(임의대리인의 복대리인 선임의 책임)** ① 전조의 규정에 의하여 대리인이 복대리인을 선임한 때에는 본인에게 대하여 그 **선임감독에 관한 책임**이 있다.
>
> **제122조(법정대리인의 복임권과 그 책임)** 법정대리인은 그 책임으로(부득이한 사유가 없더라도, 언제나) 복대리인을 **선임할 수 있다.**

06　무권대리

1. 협의의 무권대리

(1) 의 의

무권대리 중에서 표현대리에 해당하지 않는 것을 협의의 무권대리라고 한다.

(2) 계약의 무권대리

1) 본인에 대한 효과

> **제130조(무권대리)** 대리권 없는 자가 타인의 대리인으로 한 계약은 **본인이 이를 추인하지 아니하면** 본인에 대하여 **효력이 없다.**
>
> **제133조(추인의 효력)** 추인은 다른 의사표시가 없는 때에는 **계약시에 소급**하여 그 효력이 생긴다. 그러나 제삼자의 권리를 해하지 못한다.
>
> **제132조(추인, 거절의 상대방)** 추인 또는 거절의 의사표시는 상대방에 대하여 하지 아니하면 그 상대방에 대항하지 못한다. 그러나 상대방이 그 사실을 안 때에는 그러하지 아니하다.

① 서 설

무권대리는 (유동적) 무효이므로 본인은 무권대리행위에 대하여 아무런 책임을 지지 않는다.

② 본인의 추인권

㉠ 추인의 의의

추인은 무권대리행위 전부에 대하여 하여야 하고, 일부에 대한 추인이나 변경을 가한 추인은 **상대방의 동의가 없는 한** 무효이다.

    ⓛ 추인의 상대방

        ⓐ 추인은 **무권대리인**, 무권대리행위의 **직접 상대방** 및 그 **승계인**에 대하여 할 수 있다.

        ⓑ 다만 본인이 무권대리인에 대하여 추인의 의사표시를 한 경우에는 **그 사실을 알지 못하고 있는** 상대방에 대하여 추인의 효과를 주장(대항)하지 못한다(제132조). 따라서 상대방은 그때까지 철회할 수 있다.

    ⓒ 추인의 효과

      본인이 추인하면 무권대리행위는 처음부터(소급하여) 그 효력이 생긴다.

    ⓔ 본인의 추인거절권

        ⓐ 추인거절의 효과

          본인이 추인을 거절하면 무권대리행위는 확정적으로 무효가 된다.

        ⓑ 무권대리와 단독상속

          대리권 없이 타인을 대리한 자가 그 후 타인을 단독상속한 경우, 대리인이 본인의 지위에서 **추인을 거절**(상대방의 등기를 **무효라고 주장**하여 그 **등기의 말소를 청구**하거나 점유로 인한 **부당이득반환을 청구**하는 것)하는 것은 신의칙에 반하여 허용될 수 없다.

2) 상대방에 대한 효과

  ① 상대방의 최고권(선의 · 악의 불문하고 인정)

> **제131조(상대방의 최고권)** 대리권 없는 자가 타인의 대리인으로 계약을 한 경우에 상대방은 상당한 기간을 정하여 본인에게 그 **추인여부의 확답을 최고**할 수 있다. 본인이 그 기간 내에 확답을 **발하지 아니한 때**에는 추인을 **거절**한 것으로 본다.

  ② 상대방의 철회권(선의인 경우에만 인정)

> **제134조(상대방의 철회권)** 대리권 없는 자가 한 계약은 **본인의 추인이 있을 때까지** 상대방은 본인이나 그 대리인에 대하여 이를 철회할 수 있다. 그러나 계약당시에 상대방이 대리권 없음을 안 때에는 그러하지 아니하다.

  상대방이 무권대리를 철회하면 무권대리행위는 **확정적**으로 **무효**가 된다.

3) 상대방에 대한 무권대리인의 책임

> **제135조(상대방에 대한 무권대리인의 책임)** ① 다른 자의 대리인으로서 계약을 맺은 자가 그 대리권을 증명하지 못하고 또 본인의 추인을 받지 못한 경우에는 그는 **상대방의 선택**에 따라 계약을 이행할 책임 또는 손해를 배상할 책임이 있다.
> ② 대리인으로서 계약을 맺은 자에게 **대리권이 없다는 사실을 상대방이 알았거나 알 수 있었을 때** 또는 **대리인으로서 계약을 맺은 사람이 제한능력자일 때**에는 제1항을 적용하지 아니한다.

본조의 무권대리인의 상대방에 대한 책임은 **무과실책임**으로서 대리권의 흠결에 관하여 무권대리인에게 과실 등의 귀책사유가 있어야만 인정되는 것이 아니다. 따라서 무권대리행위가 제3자의 기망이나 문서위조 등 위법행위로 야기되었다고 하더라도 책임이 부정되지 않는다.

2. 표현대리

(1) 표현대리의 성질

표현대리가 인정되면 본인은 표현대리인과 상대방 간의 법률행위에 대하여 유권대리와 같은 책임을 져야 한다.

(2) 대리권수여의 표시에 의한 표현대리

> **제125조(대리권수여의 표시에 의한 표현대리)** 제3자에 대하여 타인에게 대리권을 수여함을 표시한 자는 그 대리권의 범위 내에서 행한 그 타인과 그 제3자 간의 법률행위에 대하여 책임이 있다. 그러나 제3자가 대리권 없음을 알았거나 알 수 있었을 때에는 그러하지 아니하다.

제125조의 표현대리는 **임의대리**에 한하여 적용되고 **법정대리**에는 적용되지 않는다.

(3) 대리권 소멸 후의 표현대리

> **제129조(대리권소멸후의 표현대리)** 대리권의 소멸은 선의 (무과실의) 제3자에게 대항하지 못한다.

대리인이 대리권 소멸 후 **직접 상대방과 사이에 대리행위를 하는 경우**는 물론 대리인이 대리권 소멸 후 **복대리인을 선임하여 복대리인으로 하여금 상대방과 사이에 대리행위를 하도록 한 경우**에도 민법 제129조에 의한 표현대리가 성립할 수 있다.

(4) 권한을 넘은 표현대리

> **제126조(권한을 넘은 표현대리)** 대리인이 그 권한 외의 법률행위를 한 경우에 제3자가 그 권한이 있다고 믿을 만한 **정당한 이유**가 있는 때에는 본인은 그 행위에 대하여 책임이 있다.

① 기본대리권의 존재

　ⓐ 의의 : 기본대리권이 처음부터 존재하지 않는 경우에는 표현대리는 성립할 수 없다.

　ⓑ 기본대리권 : **아무 제한 없이 인정**

　　ⓐ **공법상의 권리, 법정대리권, 일상가사대리권**도 기본대리권이 될 수 있다.

　　ⓑ 복대리인 선임권이 없는 대리인에 의하여 선임된 복대리인의 권한도 기본대리권이 될 수 있다.

　　ⓒ **제125조의 표현대리, 사자의 권한**도 기본대리권이 될 수 있다.

　　ⓓ **제129조의 표현대리**를 기본대리권으로 하는 민법 제126조의 표현대리도 성립될 수 있다. 즉, 대리권 소멸 후의 표현대리가 인정되고 그 표현대리의 권한을 넘는 대리행위가 있는 경우, 권한을 넘은 표현대리가 성립할 수 있다.

② 권한을 넘은 대리행위

기본대리권과 대리행위는 **동종·유사할 필요 없다.** 따라서 **등기신청대리권**(공법상 권리)을 기본대리권으로 하여 **대물변제**(사법상의 법률행위)를 한 경우에도 권한을 넘은 표현대리가 성립할 수 있다.

③ 정당한 이유

상대방이 대리인에게 대리권이 있다고 믿을 만한 정당한 이유가 있는지 여부는 **대리행위 당시**를 기준으로 판정한다.

(5) (모든)표현대리의 효과

① 표현대리는 **무권대리**의 일종이다. 따라서 유권대리에 관한 주장 속에 무권대리에 속하는 표현대리의 주장이 포함되어 있다고 볼 수 없다.

② 표현대리가 성립하는 경우, 상대방에게 과실이 있다고 하더라도 **과실상계의 법리**를 유추적용하여 본인의 책임을 경감할 수 없다.

③ 강행법규 위반으로 **무효**인 행위에는 표현대리 법리가 적용되지 않는다.

Chapter 04 법률행위의 무효와 취소

01 총 설

일단 성립한 법률행위가 효력요건을 결한 경우에는 무효인 법률행위 또는 취소할 수 있는 법률행위가 된다.

법률행위의 무효란 법률행위의 성립 당시부터 법률효과가 발생하지 않는 것으로 확정되어 있는 것을 말하고, 법률행위의 취소란 일단 유효하게 성립한 법률행위의 효력을 법률행위시로 소급하여 소멸하게 하는 의사표시를 말한다.

02 법률행위의 무효

1. 무효의 효과

법률행위가 무효이면 처음부터 법적효과가 발생하지 않는다. 따라서 **이행하기 전**이라면 이행할 필요가 없다. 반면 이미 **이행한 후**에는 부당이득반환의무가 발생하지만, 반사회적 법률행위로서 무효인 경우에는 불법원인급여에 해당하여 부당이득의 반환청구를 할 수 없다.

2. 무효의 종류

(1) 절대적 무효와 상대적 무효

1) 절대적 무효 : 원칙
2) 상대적 무효 : 비진의표시와 통정허위표시의 무효는 선의의 제3자에게 대항하지 못한다.

(2) 일부 무효

> 제137조(법률행위의 일부무효) 법률행위의 일부분이 무효인 때에는 그 **전부**를 **무효**로 한다. 그러나 그 무효부분이 없더라도 법률행위를 하였을 것이라고 인정될 때에는 나머지 부분은 무효가 되지 아니한다.

(3) 확정적 무효와 유동적 무효

1) 확정적 무효 : 원칙

2) 유동적 무효

법률행위가 현재는 무효이지만 추인이나 허가 등에 의하여 유효가 될 수 있는 상태를 말한다(불확정적 무효).

3) 토지거래허가제

① 의의 : 토지거래허가구역 내의 토지에 대해 허가를 받지 아니하고 체결한 계약은 무효이다. 그러나 허가를 받으면 **소급**하여 **유효**가 된다.

② 유동적 무효의 효과

ⓐ 허가협력의무 : 인정

ⓐ 각 당사자는 상대방에 대하여 허가절차에 협력할 의무를 부담하므로 당사자는 협력의무의 이행을 **소로써 구할 수 있다.**

ⓑ 매도인의 허가절차 협력의무와 매수인의 대금지급의무는 **동시이행관계가 아니다.** 즉, 매도인은 매수인의 매매대금의 이행제공이 없었음을 이유로 협력의무의 이행을 거절할 수 없다.

ⓒ 협력의무 불이행을 이유로 계약을 **해제할 수 없다.**

ⓑ 계약상 효력 : 무효

ⓐ 각 당사자는 상대방에게 계약상 **이행청구**를 할 수 없다.

ⓑ 유동적 무효 상태에서는 채무불이행을 이유로 계약을 **해제**하거나 **손해배상을 청구**할 수 없다.

3. 무효행위의 전환

> **제138조(무효행위의 전환)** 무효인 법률행위가 다른 법률행위의 요건을 구비하고 당사자가 그 무효를 알았더라면 다른 법률행위를 하는 것을 의욕하였으리라고 인정될 때에는 다른 법률행위로서 효력을 가진다.

불공정한 법률행위에도 무효행위 **전환**의 법리가 적용될 수 있다.

4. 무효행위의 추인

> **제139조(무효행위의 추인)** 무효인 법률행위는 추인하여도 그 **효력이 생기지 아니한다.** 그러나 당사자가 그 무효임을 알고 추인한 때에는 **새로운 법률행위**로 본다.

① **무효원인이 소멸한 후**에 추인하여야 한다. 따라서 **반사회적 법률행위, 불공정한 법률행위** 또는 **강행법규에 위반**하여 무효인 경우에는 추인하여도 유효로 되지 아니한다.

② 무효행위를 추인하여도 **소급효는 인정되지 않는다.** 따라서 무효인 가등기를 유효한 가등기로 전용키로 한 약정은 **그때부터** 유효하고, 이로써 이 가등기가 소급하여 유효한 등기로 전환될 수 없다.

03 법률행위의 취소

1. 취소권

(1) 취소 사유

제한능력자의 법률행위, **착**오, **사**기, **강**박에 의하여 의사표시를 한 경우

(2) 취소권자

> **제140조(법률행위의 취소권자)** 취소할 수 있는 법률행위는 **제**한능력자, **착**오로 인하거나 **사**기 · **강**박에 의하여 의사표시를 한 자, 그의 **대**리인 또는 **승**계인만이 취소할 수 있다.

제한능력자는 자신이 한 법률행위를 **단독으로(법정대리인의 동의 없이)** 취소할 수 있다.

(3) 취소의 상대방

> **제142조(취소의 상대방)** 취소할 수 있는 법률행위의 상대방이 확정한 경우에는 그 취소는 **그 상대방**에 대한 의사표시로 하여야 한다.

(4) 취소의 방법

민법상 모든 의사표시는 특별한 방식을 요하지 않는다. 즉, 취소의 의사표시도 명시적으로 하여야 하는 것은 아니고 **묵시적**으로도 할 수 있다.

(5) 취소의 효과

> **제141조(취소의 효과)** 취소한 법률행위는 **처음부터 무효**인 것으로 본다. 다만 **제한능력자**는 그 행위로 인하여 받은 이익이 **현존하는 한도에서 상환**할 책임이 있다.

취소된 법률행위는 처음부터 무효가 되므로 **이행하기 전**에는 이행할 필요 없
다. 한편 **이행한 후**에는 부당이득반환의무가 발생하는데, 제한능력자는 **선의·
악의를 묻지 않고** 이익이 **현존**하는 한도에서 반환하면 된다.

2. 취소할 수 있는 법률행위의 추인

(1) 임의적 추인

> **제143조(추인의 방법, 효과)** ① 취소할 수 있는 법률행위는 **제140조에 규정한 자**가 추인
> 할 수 있고 추인 후에는 취소하지 못한다.
> **제144조(추인의 요건)** ① 추인은 **취소의 원인이 소멸된 후**에 하여야만 효력이 있다.
> ② 제1항은 **법정대리인 또는 후견인**이 추인하는 경우에는 적용하지 아니한다.

① 추인은 취소의 원인이 소멸된 후에 하여야 한다. 그러나 법정대리인은 **취소
의 원인이 소멸되기 전**이라도 추인할 수 있다.

② 추인의 의사표시는 명시적일 필요는 없으며, **묵시적**으로도 가능하다.

③ 추인하면 다시 취소할 수 없고, 법률행위는 **유효**한 것으로 **확정**된다.

④ 취소한 법률행위는 처음부터 무효인 것으로 간주되므로 법률행위를 취소하면
그 후에는 '**취소할 수 있는 법률행위의 추인**'을 할 수는 없고, 다만 '**무효인
법률행위의 추인**'은 할 수 있다.

(2) 법정 추인

> **제145조(법정추인)** 취소할 수 있는 법률행위에 관하여 **전조의 규정에 의하여 추인할 수
> 있는 후**에 다음 각 호의 사유가 있으면 추인한 것으로 본다. 그러나 **이의를 보류한 때**에
> 는 그러하지 아니하다.
> 1. 전부나 일부의 이행
> 2. **이행의 청구**
> 3. 경개
> 4. 담보의 제공
> 5. **취소할 수 있는 행위로 취득한 권리의 전부나 일부의 양도**

① 법정추인사유 중 "이행의 **청구**"와 "**취소할 수 있는 행위로 취득한 권리의 전부나 일부의 양도**"는 **취**소권자가 한 경우에만 추인이 되고 상대방이 한 경우에는 추인이 되지 않는다.

② 취소할 수 있는 법률행위는 **유효**로 **확정**된다.

※ **민법상 추인**

1. **무권대리의 추인** : 소급 – 유효
2. **무권리자의 처분행위의 추인** : 소급 – 유효
3. **무효행위의 추인**
   ① 원칙 : 무효
   ② 무효임을 알고 추인 : 새로운 법률행위(소급효 X)
4. **취소할 수 있는 법률행위의 (임의)추인** : 유효 – 확정
5. **취소할 수 있는 법률행위의 법정추인** : 유효 – 확정

---

3. 취소권의 단기소멸

제146조(취소권의 소멸) 취소권은 **추인할 수 있는 날**로부터 **3년** 내에 **법률행위를 한 날**로부터 **10년** 내에 행사하여야 한다.

법률행위의 조건과 기한(부관)

01 조 건

1. 조건의 의의

조건이라 함은 법률행위의 **효력**의 발생 또는 소멸을 장래의 **불확실**한 사실의 성취 여부에 의존케 하는 법률행위의 부관을 말한다. 조건의 성취는 법률행위의 특별**효력요건**이다.

2. 조건의 종류

(1) 정지조건 · 해제조건

> **제147조(조건성취의 효과)** ① 정지조건 있는 법률행위는 **조건이 성취한 때로부터 그 효력이 생긴다.**
> ② 해제조건 있는 법률행위는 **조건이 성취한 때로부터 그 효력을 잃는다.**
> ③ 당사자가 조건성취의 효력을 그 성취 전에 **소급**하게 할 **의사**를 표시한 때에는 그 의사에 의한다.

(2) 가장조건

> **제151조(불법조건, 기성조건)** ① 조건이 선량한 풍속 기타 사회질서에 위반한 것인 때에는 그 법률행위는 무효로 한다.
> ② 조건이 법률행위의 당시 **이미 성취**한 것인 경우에는 그 조건이 정지조건이면 조건 없는 법률행위로 하고 해제조건이면 그 법률행위는 무효로 한다.
> ③ 조건이 법률행위의 당시에 **이미 성취할 수 없는 것**인 경우에는 그 조건이 해제조건이면 조건 없는 법률행위로 하고 정지조건이면 그 법률행위는 무효로 한다.

부첩관계 종료를 해제조건으로 하는 증여계약은 **조건만이 아니라 그 법률행위** (증여계약) 자체가 무효이다.

3. 조건과 기한을 붙일 수 없는 법률행위

단독행위에는 원칙적으로 조건을 붙이지 못한다. 다만 **상대방의 동의**를 얻은 경우, **상대방에게 불리하지 않는 경우**(예 : 채무면제)에는 예외적으로 조건을 붙일 수 있다.

4. 조건부 법률행위의 효력

> **제149조(조건부, 기한부 권리의 처분 등)** 조건의 성취가 미정인 권리 · 의무(기한부 권리)는 일반규정에 의하여 **처분, 상속, 보존** 또는 **담보**로 할 수 있다.
>
> **제150조(조건성취, 불성취에 대한 반신의행위)** ① 조건의 성취로 인하여 불이익을 받을 당사자가 신의성실에 반하여 조건의 성취를 방해한 때에는 상대방은 그 조건이 성취한 것으로 주장할 수 있다.
>
> ② 조건의 성취로 인하여 이익을 받을 당사자가 신의성실에 반하여 조건을 성취시킨 때에는 상대방은 그 조건이 성취하지 아니한 것으로 주장할 수 있다.

02 기 한

1. 기한의 의의

기한은 법률행위의 **효력**의 발생 · 소멸 또는 채무의 이행을 장래에 발생하는 것이 **확실**한 사실에 의존케 하는 법률행위의 부관이다.

2. 기한의 종류

(1) 시기와 종기

> **제152조(기한도래의 효과)** ① 시기 있는 법률행위는 **기한이 도래한 때로부터** 그 효력이 **생긴다.**
>
> ② 종기 있는 법률행위는 **기한이 도래한 때로부터** 그 효력을 **잃는다.**

기한 도래의 효력에는 절대적으로 **소급효**가 인정되지 아니한다.

Part 01 민법 총칙 33

(2) 확정기한과 불확정기한

① 장래 발생하는 시기가 확정되어 있는 기한이 확정기한이고(예 : 내년 1월 1일 부터, 너의 생일에), 그렇지 않은 것이 불확정기한이다(예 : 甲이 사망하면).

② 당사자가 불확정한 사실이 발생한 때를 이행기한으로 정한 경우에 있어서 그 사실이 **발생한 때**는 물론 그 사실의 발생이 **불가능하게 된 때**에도 이행기한 은 도래한 것으로 보아야 한다.

3. 기한의 이익

> **제153조(기한의 이익과 그 포기)** ① 기한은 **채무자**의 이익을 위한 것으로 추정한다.
> ② 기한의 이익은 이를 포기할 수 있다. 그러나 상대방의 이익을 해하지 못한다.

기한이익 상실의 특약은 특별한 사정이 없는 이상 **형성권적** 기한이익 상실의 특약으 로 추정된다.

MEMO

박문각 공인중개사

물권법

Chapter 01 총 설

01 서 론

1. 물권법정주의

> 제185조(물권의 종류) 물권은 **법률** 또는 **관습법**에 의하는 외에는 임의로 창설하지 못한다.

2. 관습법상의 물권

(1) 관습법이 인정하는 물권

① **관**습법상 법정지상권

② **분**묘기지권

③ **양**도담보

(2) 관습법상 물권으로 볼 수 없는 것

① 온천에 관한 권리, 사도통행권은 관습법상의 물권으로 볼 수 없다.

② 근린공원을 자유롭게 이용한 사정만으로 공원이용권이라는 배타적 권리를 취득하였다고 볼 수는 없다.

③ 무허가 미등기건물의 양수인이라 할지라도 **그 소유권이전등기를 경료 받지 않는 한** 건물에 대한 소유권을 취득할 수 없고, 소유권에 준하는 관습상의 물권이 있다고 볼 수 없다.

02 | 물권의 객체

1. 물권의 객체로서의 물건

(1) 동산과 부동산

토지 및 그 정착물을 부동산이라고 하고, 부동산 이외의 물건을 동산이라고 한다.

(2) 부동산

1) 토 지

토지의 소유권은 정당한 이익이 있는 범위 내에서 토지의 상하에 미친다(제212조). 토지는 지번으로 표시되고 그 수는 '필'로써 계산된다.

2) 토지의 정착물

① 건물 : 우리 민법은 건물을 토지로부터 완전히 독립시켜 별개의 부동산으로 다루고 있다. 독립된 부동산으로서의 건물이라고 하기 위해서는 최소한의 **주**벽과 **기**둥 그리고 **지**붕이 이루어지면 된다.

② 수목 : 수목은 토지의 정착물로서 독립하여 물권의 객체로 되지 않는 것이 원칙이나, 예외적으로 명인방법을 갖춘 수목은 **소유권(저당권 X)**의 객체로 될 수 있으며, 입목은 **소유권**과 **저당권**의 객체가 될 수 있다.

③ 농작물 : 적법한 권원 없이 타인의 토지에 농작물을 경작한 경우 그 농작물은 명인방법을 갖추지 않더라도 **경작자**의 소유가 된다.

2. 일물일권주의

(1) 의 의

일물일권주의란 하나의 물권의 객체는 하나의 독립한 물건이어야 한다는 원칙이다.

(2) 일물일권주의의 예외

분필하기 전에는 토지의 일부는 **소유권, 저당권**의 객체가 될 수 없다. 그러나 분필 전이라도 토지의 일부는 **용익물권의** 객체가 될 수 있다.

03 물권적 청구권

1. 서 설

(1) 물권적 청구권에 관한 민법규정

① 민법은 **점유권**(제204조~제206조)과 **소유권**(제213조~제214조)에 관하여 물권적 청구권에 관한 규정을 각각 규정을 두고 있다. 또한 소유권(본권)에 기한 물권적 청구권에 관한 규정을 다른 물권에 준용하고 있다. 다만 지역권과 저당권에는 물권적 **반환청구권**이 준용(인정)되지 않는다.

② 유치권에 관하여는 준용하는 규정이 없다. 유치권은 점유를 상실하면 소멸하는 권리이며(제328조), 또한 **점유권에 기한 물권적 청구권**으로 충분히 보호되기 때문이다.

(2) 물권적 청구권의 모습

① 물권적 반환청구권

반환청구권은 점유를 침탈한 자에게 그 반환을 청구하는 권리이다.

② 물권적 방해제거청구권

방해제거청구권은 점유의 회수(회복) 이외의 방법으로 행사하는 권리이다(예 : 무효등기의 말소청구권, 불법건물의 철거청구권 등).

③ 물권적 방해예방청구권

방해예방청구권은 장래에 물권의 침해될 염려가 있는 경우에 사전에 청구하는 권리이다.

(3) 물권적 청구권의 법적 성질

① 물권적 청구권은 물권에 의존하는 권리이므로 물권이 이전·소멸하면 그에 따라 물권적 청구권도 이전·소멸한다.

② 물권과 분리하여 물권적 청구권만을 양도할 수 없다.

2. 물권적 청구권의 내용

(1) 소유권에 기한 물권적 청구권

> **제213조(소유물반환청구권)** 소유자는 그 소유에 속한 물건을 점유한 자에 대하여 반환을 청구할 수 있다. 그러나 점유자가 그 물건을 **점유할 권리**가 있는 때에는 반환을 거부할 수 있다.
>
> **제214조(소유물방해제거, 방해예방청구권)** 소유자는 소유권을 방해하는 자에 대하여 방해의 제거를 청구할 수 있고, 소유권을 방해할 **염려** 있는 행위를 하는 자에 대하여 그 예방**이나** 손해배상의 담보를 청구 할 수 있다.

1) 청구권자 : 현재 물권자

① **미등기건물의 매수인**은 건물의 매매대금을 전부 지급한 경우에도 아직 소유권을 취득하지 못하였으므로 건물의 불법점유자에 대하여 직접 소유권에 기한 반환청구를 할 수 없다.

② 소유권을 상실한 **전소유자는** 제3자인 불법점유자에 대하여 소유권에 기한 물권적 청구권으로 방해배제를 청구할 수 없다.

2) 상대방 : 현재 침해자ㆍ방해자

① 토지의 매수인이 아직 소유권이전등기를 마치지 않아도 매매계약의 이행으로 그 토지를 인도받은 때에는 이를 **점유ㆍ사용할 권리**가 생긴다. 따라서 매도인(소유자)은 매수인으로부터 다시 위 토지를 매수하거나 임차하여 점유ㆍ사용하는 자에 대하여 토지 소유권에 기한 **물권적 청구권**을 행사할 수 없다.

② **간접점유자**는 물권적 청구권의 상대방이 되지만, **점유보조자**는 현실적으로 점유하고 있더라도 물권적 청구권의 상대방이 되지 못한다.

③ 타인의 토지에 무단으로 건축한 건물을 임대한 경우, 토지 소유자는 그 **건물의 소유자**(건물의 임차인 X)에게 건물의 철거를 청구할 수 있다.

④ 다만, 甲의 토지 위에 乙이 건물을 무단신축하고 건물의 등기 없이 丙에게 양도한 경우, 丙은 아직 소유권을 취득하지 못하였더라도 丙에게는 '**법률상 또는 사실상 처분권**'이 인정되므로 그에게 건물의 철거를 청구할 수 있다.

⑤ 甲 소유의 토지 위에 건물을 무단으로 신축한 乙이 그 건물을 점유하고 있는 경우, 甲은 건물 소유자인 乙에게 **건물의 철거청구** 및 **토지의 인도청구**는 할 수 있으나, 그 건물로부터 **퇴거를 청구**할 수는 없다.

⑥ 다만, 甲 소유의 토지 위에 건물을 무단으로 신축한 乙이 건물을 丙에게 임대하여 丙이 대항력을 갖추고 그 건물을 점유하고 있는 경우, 甲은 소유권에 기하여 丙에 대하여 건물로부터의 **퇴출을 청구**할 수 있다.

3) 물권적 청구권과 소멸시효

소유권에 기한 물권적 청구권은 소멸시효의 대상이 아니다.

(2) 점유권에 기한 물권적 청구권(점유보호청구권)

1) 점유물반환청구권

> **제204조(점유의 회수)** ① 점유자가 점유의 **침탈**을 당한 때에는 그 물건의 반환 및 손해의 배상을 청구할 수 있다.
> ③ 제1항의 청구권은 침탈을 당한 날로부터 **1년** 내에 행사하여야 한다.

① 요 건

점유자가 점유를 **침탈**당하였어야 한다. 따라서 **사기**에 의해 물건을 인도하거나 **유실**된 경우 등은 침탈이 아니므로 점유물반환청구를 할 수 없다.

② 청구권자

점유물반환청구권의 주체는 점유를 침탈당한 자이다. 직접점유자는 물론 **간접점유자**도 청구권자로 될 수 있으나, **점유보조자**는 점유자가 아니므로 점유물반환청구권을 행사할 수 없다.

2) 점유물방해제거청구권

> **제205조(점유의 보유)** ① 점유자가 점유의 방해를 받은 때에는 그 방해의 제거 및 손해의 배상을 청구할 수 있다.

3) 점유물방해예방청구권

> **제206조(점유의 보전)** ① 점유자가 점유의 방해를 받을 **염려**가 있는 때에는 그 방해의 예방 **또는** 손해배상의 담보를 청구할 수 있다.

3. 손해배상청구권과의 관계

> **제750조(불법행위의 내용)** **고의 또는 과실**로 인한 **위법행위**로 타인에게 **손해**를 가한 자는 그 손해를 배상할 책임이 있다.

① 불법행위에 기한 손해배상청구권은 상대방의 **귀책사유**를 요건으로 하는 채권적 청구권이라는 점에서, 상대방의 **귀책사유**를 필요로 하지 않는 물권적 청구권과 구별된다. 한편 물권의 침해가 고의·과실에 의한 경우에는 이 두 가지의 청구권이 병존할 수 있다.

② 민법 제214조(방해배제청구권)의 규정에 소유자가 침해자에 대하여 방해제거 행위를 하는 데 드는 **비용**을 청구할 수 있는 권리는 포함되어 있지 않으므로, 소유자가 민법 제214조(방해배제청구권)에 기하여 방해배제 **비용** 또는 방해예방 **비용**을 청구할 수는 없다.

③ 소유권에 기한 방해배제청구권에 있어서 '방해'라 함은 **현재에도 지속되고 있는 침해**를 의미하고, **'손해'의 개념**과는 다르다 할 것이어서, 소유권에 기한 방해배제청구권은 **방해 '결과'의 제거**를 내용으로 하는 것이 되어서는 아니 되며(이는 손해배상의 영역에 해당한다 할 것이다) **현재 계속되고 있는 방해의 원인을 제거**하는 것을 내용으로 한다.

Chapter 02 물권의 변동

01 공시의 원칙과 공신의 원칙

1. 공시의 원칙

① 동산물권변동의 공시방법은 점유의 이전, 즉 **인도**이다.
② 부동산물권변동의 공시방법은 **등기**이다.

2. 공신의 원칙

① 우리 민법은 선의취득제도(제249조)를 두어 동산물권의 공시방법인 점유의 이전에 공신력을 인정하고 있다.
② 반면 부동산물권의 공시방법인 등기에는 공신력을 인정하지 않고 있다. 예컨대, 등기 관련 서류를 위조하여 마친 이전등기는 실체관계와 부합하지 않는 등기이므로 **무효**인데, 이러한 무효인 등기를 기초로 하여 다시 그 부동산에 관한 권리를 승계한 자는 설사 선의라 하더라도 권리를 취득하지 못한다(절대적 무효).

02 부동산물권의 변동

1. 부동산물권의 변동과 등기

> **제186조(부동산물권변동의 효력)** 부동산에 관한 **법률행위**로 인한 물권의 득실변경은 **등기하여야** 그 효력이 생긴다.
> **제245조(점유로 인한 부동산소유권의 취득기간)** ① 20년간 소유의 의사로 평온, 공연하게 부동산을 점유하는 자는 **등기함으로써** 그 소유권을 취득한다.
> **제187조(등기를 요하지 아니하는 부동산물권취득)** 상속, 공용징수, 판결, 경매 기타 **법률의 규정**에 의한 물권의 **취득**은 등기를 요하지 아니한다. 그러나 등기를 하지 아니하면 이를 **처분**하지 못한다.

(1) 등기를 필요로 하는 부동산물권변동 : 법률행위, 점유취득시효완성

① **법률행위[매매, 교환, 증여 / 제한물권의 설정(취득), 이전 / 이행판결 / 협의에 의한 공유물분할(조정이 성립), 물권의 포기(공유지분의 포기, 합유지분의 포기) 등]**에 의한 부동산물권 변동은 물권적 합의와 **등기**라는 두 요건을 갖추었을 때 발생한다(제186조).

② 20년간 소유의 의사로 평온, 공연하게 부동산을 점유하는 자는 **등기함으로써** 그 소유권을 취득한다(제245조 제1항).

(2) 등기를 요하지 않는 부동산물권의 변동(제187조)

1) 상 속

상속으로 인한 부동산물권변동의 효과는 상속인이 상속등기를 경료하지 않더라도 **피상속인의 사망시** 당연히 발생한다.

2) 판 결

① 여기에서 말하는 판결은 **형성판결**(예 : **공유물분할판결**)만을 의미한다. 형성판결에 의한 물권변동의 시기는 **확정판결시**이다.

② 공유물분할의 소송에서 공유자 사이에 공유토지에 관한 현물분할의 협의가 성립하여 조정이 성립하였다고 하더라도, **조정이 성립한 때**가 아니라 **분할의 등기**를 마침으로써 그 부분에 대한 소유권을 취득하게 된다.

3) 공용징수

4) 경 매

여기에서 말하는 경매는 국가기관이 하는 공경매를 말하는 것으로, 매수인은 **매각대금을 완납한 때**에 등기 없이도 소유권을 취득한다.

5) 기타 법률의 규정에 의한 물권변동

① **신축**건물의 소유권취득

② 전세권의 **법정**갱신, **법정**지상권의 취득, 관습법상의 **법정**지상권의 취득, **법정**저당권의 취득 등

③ 용익물권의 존속**기간만료**에 의한 소멸

④ **피담보채권의 소멸**에 의한 저당권의 소멸

⑤ **혼동**에 의한 물권의 소멸

⑥ 원인행위의 실효(**나가리** – 무효, 취소, 해제, 합의해제, 해제조건의 성취 등)에 의한 물권의 복귀

⑦ 집합건물의 구분소유권을 취득할 경우에 **공용부분**에 대한 지분취득

⑧ 1동의 건물 중 구분된 건물부분이 구조상·이용상 독립성을 갖추고 구분행위로 인하여 **구분소유권을 취득**하는 경우

⑨ 요역지 소유권 취득에 따른 **지역권 이전**

⑩ **분묘기지권**의 취득

※ 법정지상권이 있는 건물의 법률관계

1. 법정지상권자는 **등기 없이도** 지상권을 취득할 당시의 토지소유자로부터 토지를 양수한 제3자에게 대항할 수 있다.

2. 법정지상권이 있는 건물이 **양도**된 경우, 양수인은 **등기하여야** 건물과 법정지상권을 취득한다.

3. 법정지상권이 있는 건물이 **저당권 실행(경매)**된 경우, 경락인은 **등기 없이도(당연히)** 건물과 법정지상권을 취득한다.

4. 지상권자는 지상권을 유보한 채 **지상물 소유권만을 양도**할 수도 있고, 지상물 소유권을 유보한 채 **지상권만을 양도**할 수도 있다. 따라서 지상권자와 그 지상물의 소유권자가 달라질 수도 있다.

---

3. 등기청구권의 소멸시효

① 매수인의 소유권이전등기청구권은 **채권적 청구권**이므로 원칙적으로 10년의 소멸시효에 걸린다. 다만 매수인이 목적물을 인도받아 **사용·수익**하거나 **목적물을 처분**하여 점유를 승계하여 준 경우에는 소멸시효에 걸리지 않는다.

② **소유권**에 기한 물권적 청구권은 소멸시효의 대상이 되지 아니한다.

4. 등기의 요건

(1) 등기의 형식적 유효요건

등기는 효력발생요건이지만 효력존속요건은 아니므로, 물권에 관한 등기가 **원인없이 말소(불법으로 말소)**되었다 하더라도 그 물권의 효력에 영향을 미치지 않는다 (유효).

(2) 등기의 실질적 유효요건

1) 실제와 다른 등기원인에 의한 등기

부동산등기는 현실의 권리관계에 부합하는 한 그 권리취득의 경위나 방법 등이 사실과 다르다고 하더라도 그 등기는 유효하다.

> ※ 실체관계에 부합하더라도 **무효**인 경우
> ① 토지거래**허**가구역 내의 **중**간생략등기
> ② 이**중**보존등기

2) 무효등기의 유용

기존 건물 멸실 후 건물이 신축된 경우, 기존 건물에 대한 등기는 신축건물에 대한 등기로서 효력이 없다(무효).

(3) 중간생략등기

1) 이미 이루어진 중간생략등기의 효력

① 당사자 사이에 적법한 원인행위가 성립되어 중간생략등기가 **이루어진(마쳐진, 경료된, 된)** 이상, 중간생략등기에 관한 **합의가 없었다는 사유만으로** 그 소유권이전등기를 무효라고 할 수 없다.

② 다만, 토지거래허가구역 내에 있는 토지에 대한 중간생략등기는 **무효**이다.

③ 미등기건물을 매수하여 매수인이 자신 명의로 직접 소유권보존등기를 한 경우, 그 등기는 실체관계에 부합하여 **유효**하다.

2) 중간생략등기의 합의에 기한 등기청구

① 3자 합의가 있는 경우 : 직접 청구 가능
부동산의 양도계약이 순차 이루어져 최종 양수인이 중간생략등기의 합의를 이유로 최초 양도인에게 직접 그 소유권이전등기청구권을 행사하기 위해서는 관계당사자 **전원의 의사합치**가 있었음이 요구된다.

② 중간생략등기의 합의가 있었다고 하여도 **매도인의 매수인에 대한 소유권이전등기의무**가 소멸되는 것은 아니다. 또한 최초의 매도인은 3자간 중간생략등기 합의 후 중간자로부터 **인상된 매매대금이 지급되지 않았음을 이유로** 최종 매수인 명의로의 소유권이전등기의무의 이행을 거절할 수 있다.

③ 채권양도를 원인으로 하는 중간생략등기 청구

> **제450조(지명채권양도의 대항요건)** ① 지명채권의 양도는 양도인이 채무자에게 **통지**하거나 채무자가 **승낙**하지 아니하면 채무자 기타 제삼자에게 대항하지 못한다.

3자 간의 합의가 없으면 비록 최종양수인이 중간자로부터 소유권이전등기청구권(채권)을 양도받았다고 하더라도 **최초양도인이 그 양도에 대하여 동의하지 않고 있다면**, 최종양수인은 최초양도인에 대하여 채권양도를 원인으로 하여 소유권이전등기절차이행을 청구할 수 없다.

(4) 소유권이전등기청구권 양도의 대항요건

① 부동산매매계약에서 매도인과 매수인은 서로 동시이행관계에 있는 일정한 의무를 부담하기 때문에 이행과정에 신뢰관계가 따르므로, 매매로 인한 소유권이전등기청구권의 양도는 특별한 사정이 없는 이상 양도가 제한되고 양도에 **채무자의 승낙이나 동의를 요한다**고 할 것이므로 통상의 채권양도와 달리 양도인의 채무자에 대한 통지만으로는 채무자에 대한 대항력이 생기지 않는다.

② 그러나 취득시효완성으로 인한 소유권이전등기청구권은 채권자와 채무자 사이에 아무런 계약관계나 신뢰관계가 없으므로, **시효완성 당시의 등기명의인의 동의 없이** 양도할 수 있다. 즉, 점유취득시효의 완성으로 점유자가 소유자에 대해 갖는 소유권이전등기청구권은 **통상의 채권양도 법리에 따라** 양도될 수 있다.

5. 등기의 효력

(1) 본등기의 추정적 효력

1) 소유권이전등기의 추정력

① 등기가 있으면 일단 적법한 **절차**에 따라 경료된 것으로 추정된다.

② 등기가 **원인 없이 말소**되어도 그 물권의 효력에는 아무런 영향이 없으므로, **그 회복등기가 마쳐지기 전이라도** 말소된 등기의 등기명의인은 적법한 권리자로 추정된다.

③ **등기명의인이** 등기원인행위의 태양이나 과정을 다소 다르게 **주장**한다고 하여 추정력이 깨어지는 것은 아니다.

④ 부동산에 관하여 소유권이전등기가 마쳐져 있는 경우에는 그 등기명의자는 **제3자**에 대하여 뿐 아니라 그 **전소유자(권리변동의 당사자, 물권변동의 당사자)**에 대하여서도 적법한 등기원인에 의하여 소유권을 취득한 것으로 추정된다.

2) 소유권보존등기의 추정력

보존등기 명의자가 보존등기하기 이전의 소유자로부터 부동산을 양수한 것이라고 주장하고 전 소유자는 양도사실을 부인하는 경우에는 그 보존등기의 추정력은 **깨어진다.**

(2) 가등기의 효력

1) 본등기 전의 효력 : 아무 효력 X

① 소유권이전청구권 보전을 위한 가등기가 있다 하여, 소유권이전등기를 청구할 어떤 법률관계가 있다고 **추정**되지 아니한다(추정력 X).

② 가등기된 권리는 타인에게 **양도**될 수 있다.

2) 본등기 후의 효력 : 순위보전적 효력 ○

가등기에 기하여 후에 본등기가 행하여지면 본등기의 순위는 **가등기의 순위**에 의하므로, 가등기와 본등기의 중간에 이에 저촉하는 중간처분의 등기는 가등기에 저촉하는 범위에서 효력을 잃거나 후순위로 된다. 그러나 물권변동의 효력은 **본등기를 한 때** 발생하고 가등기한 때로 소급하는 것은 아니다.

---

03 혼 동

(1) 동일한 물건에 관하여 소유권과 제한물권이 동일인에게 속하는 경우에는 **그 제한물권**은 소멸하는 것이 원칙이다.

(2) 甲 소유의 토지 위에 乙이 1번 저당권을 가지고 있고 丙이 2번 저당권을 가지고 있는 경우, 乙이 그 토지 소유권을 취득하더라도 乙의 **1번 저당권**은 소멸하지 않으나 丙이 그 토지 소유권을 취득하더라도 丙의 **2번 저당권**은 소멸한다.

(3) **점유권, 광업권**은 혼동으로 소멸하지 않는다.

Chapter 03 점유권

01 총 설

> **제192조(점유권의 취득과 소멸)** ① 물건을 **사실상 지배**하는 자는 점유권이 있다.
> ② 점유자가 물건에 대한 사실상의 지배를 **상실**한 때에는 점유권이 소멸한다. 그러나 제204조의 규정에 의하여 **점유를 회수**한 때에는 그러하지 아니하다.

(1) 물건을 사실상 지배하고 있는 경우, **그 지배를 정당화하는 권리(본권)가 있느냐 없느냐를 묻지 않고** 그 사실적 지배 상태를 보호하는 것이 점유제도이다.

(2) 사회통념상 건물은 그 부지를 떠나서는 존재할 수 없는 것이므로, 건물의 **부지**가 된 토지는 **건물의 소유자**가 현실적으로 건물이나 그 부지를 점거하고 있지 않더라도 그 건물의 소유를 위하여 그 부지를 점유한다고 보아야 한다.

02 점유권

1. 점유의 관념화

(1) 점유보조자

> **제195조(점유보조자)** 가사상, 영업상 기타 유사한 관계에 의하여 **타인의 지시**를 받아 물권에 대한 사실상의 지배를 하는 때에는 그 타인만을 점유자로 한다.

점유보조자는 점유자가 아니므로, **점유권에 관한 효력**이 인정되지 않는다. 그러므로 점유보조자는 **점유보호청구권**을 행사할 수는 없다.

(2) 간접점유

> **제194조(간접점유)** 지상권, 전세권, 질권, 사용대차, 임대차, 임치 기타의 관계로 타인으로 하여금 물건을 점유하게 한 자는 간접으로 점유권이 있다.

① 간접점유자도 **점유권**을 가진다. 따라서 점유권의 모든 효력은 원칙적으로 간접 점유자에게도 인정된다.

② 직접점유자가 그 점유를 침탈당하거나 방해당하고 있는 경우에는 간접점유자도 **점유보호청구권**을 가진다.

③ 주택임대차보호법상의 대항요건인 인도(引渡)는 임차인이 주택의 **간접점유**를 취득하는 경우에도 인정될 수 있다.

2. 점유의 종류와 효력

(1) 자주점유와 타주점유

소유의 의사를 가지고 하는 점유를 자주점유라 하고, 그렇지 않은 점유를 타주점 유라고 한다.

> **제245조(점유로 인한 부동산소유권의 취득기간)** ① 20년간 소유의 의사로 평온, 공연 하게 부동산을 점유하는 자는 **등기함으로써** 그 소유권을 취득한다.

(2) 자주점유와 타주점유의 구별

1) 객관설

① 점유자의 점유가 자주점유인지 여부는 **점유자의 내심의 의사**에 의하여 결정 되는 것이 아니라 **외형적 · 객관적**으로 판단한다. 즉, 매수인은 자주점유자이 나, 직접점유자(지상권자 · 전세권자 · 임차인 등)는 타주점유자이다.

② **명의수탁자**의 점유는 타주점유이다.

③ 매수인이 착오로 인접 토지의 **일부**를 그가 매수한 토지에 속하는 것으로 믿고서 점유면 자주점유이지만, 매수로 점유하게 된 토지의 면적이 공부상 면적을 **상당히 초과**하는 경우, 그 초과 부분에 대한 점유는 타주점유이다.

2) 자주점유의 추정

> **제197조(점유의 태양)** ① 점유자는 소유의 의사로 선의, 평온 및 공연하게(**과실 없이 X**) 점유한 것으로 **추정**한다.
> ② 선의의 점유자라도 본권에 관한 소에서 패소한 때에는 그 **소가 제기된 때**로부터 악 의의 점유자로 본다.

① 물건의 점유자는 소유의 의사로 점유한 것으로 추정되므로, **점유자가** 매매 등의 자주점유의 권원을 **주장**하였으나 이것이 인정되지 않는 경우에도 자주 점유의 추정이 번복되지 않는다.

② 토지의 **점유자가** 토지소유자를 상대로 소유권이전등기청구**소송을 제기**하였다가 패소판결이 확정되었다 허더라도 그 사정만을 들어서는 점유자의 자주점유의 추정이 번복되지 않는다.

③ **진정 소유자가** 점유자를 상대로 **소송을 제기(본권의 소)**하여 그 소송사건이 점유자의 패소로 확정되었다면, 점유자는 그 **소송의 제기시**부터는 악의의 점유자로 간주되며, **패소판결 확정 후**부터는 타주점유로 전환된다.

④ 부동산에 대한 **악의의 무단점유**가 입증되면 자주점유의 추정은 깨어진다.

(3) 점유권의 승계의 효과

> **제199조(점유의 승계의 주장과 그 효과)** ① 점유자의 승계인은 자기의 점유만을 주장하거나 자기의 점유와 전점유자의 점유를 아울러 주장할 수 있다.
> ② 전점유자의 점유를 아울러 주장하는 경우에는 그 **하자도 계승**한다.

(4) 점유의 계속의 추정

> **제198조(점유계속의 추정)** 전후 양시에 점유한 사실이 있을 때에는 그 점유는 **계속**한 것으로 **추정**한다.

점유의 계속은 전후 양 시점의 점유자가 다른 경우에도 **점유의 승계가 입증되는 한** 추정된다.

(5) 권리의 적법추정

> **제200조(권리의 적법의 추정)** 점유자가 점유물에 대하여 행사하는 권리는 적법하게 보유한 것으로 추정한다.

점유에 대한 권리의 적법추정은 **동산**에 관해서만 적용되고 등기된 **부동산**에 관해서는 적용되지 않는다.

03 점유자와 회복자와의 관계

1. 적용범위

① 제201조 내지 제203조는 "**회복자(현재 소유자)**"가 "**본권 없는 점유자**"에게 물권적 "**반환청구권**"을 행사하는 경우에 적용된다.

② 매매계약이 **무효·취소**가 되어 이미 급부한 물건을 반환할 경우에도 적용된다.

2. 선의점유자의 과실취득

> **제201조(점유자와 과실)** ① **선의**의 점유자는 점유물의 과실을 취득한다.
> ② **악의**의 점유자는 수취한 과실을 반환하여야 하며 소비하였거나 **과실로 인하여** 훼손 또는 수취하지 못한 경우에는 그 과실의 대가를 보상하여야 한다.
> ③ 전항의 규정은 **폭력** 또는 **은비**에 의한 점유자에 준용한다.

선의의 점유자는 점유물로부터 생기는 과실(천연과실, 법정과실, 사용이익 포함)을 취득할 수 있으므로 **부당이득 반환의무**는 없다.

3. 점유물의 멸실·훼손에 대한 책임

> **제202조(점유자의 회복자에 대한 책임)** 점유물이 점유자의 책임 있는 사유로 인하여 멸실 또는 훼손한 때에는 **악의**의 점유자는 그 손해의 전부를 배상하여야 하며 **선의(자주)**의 점유자는 이익이 **현존**하는 한도에서 배상하여야 한다. 소유의 의사가 없는 점유자는 선의인 경우에도 손해의 전부를 배상하여야 한다.

4. 점유자의 비용상환청구권

> **제203조(점유자의 상환청구권)** ① 점유자가 점유물을 **반환할 때**에는 회복자에 대하여 점유물을 보존하기 위하여 지출한 금액 기타 **필요비**의 상환을 청구할 수 있다. 그러나 점유자가 과실을 취득한 경우에는 **통상의 필요비**는 청구하지 못한다.
> ② 점유자가 점유물을 개량하기 위하여 지출한 금액 기타 **유익비**에 관하여는 **그 가액의 증가가 현존한 경우에 한하여 회복자의 선택**에 좇아 그 지출금액이나 증가액의 상환을 청구할 수 있다.
> ③ **전항**의 경우에 법원은 회복자의 청구에 의하여 상당한 상환기간을 **허여**할 수 있다.

① 점유자는 **그의 선의·악의, 소유의 의사 유무 등을 묻지 않고** 비용의 상환을 청구할 수 있다.

② 점유자의 필요비 또는 유익비상환청구권은 점유자가 회복자로부터 점유물의 **반환을 청구받거나** 회복자에게 점유물을 **반환한 때**에 비로소 회복자에 대하여 행사할 수 있다.

③ 점유자는 비용을 지출할 당시의 소유자가 누구이었는지 관계없이 **점유회복 당시의 소유자** 즉 회복자에 대하여 비용상환청구권을 행사할 수 있다.

④ 법원이 **유익비**에 관하여 상당한 상환기간을 허여한 경우에는 유치권을 행사할 수 없다.

Chapter 04 소유권

01 상린관계

1. 서 설

상린관계 규정은 부동산 소유자 상호 간 뿐만 아니라 **지상권자, 전세권자, 토지임차인 등** 다른 토지 이용권자들에게도 인정된다.

2. 주위토지통행권

(1) 유상 주위토지통행권

> **제219조(주위토지통행권)** ① 어느 토지와 공로 사이에 그 토지의 용도에 필요한 통로가 없는 경우에 그 토지소유자는 주위의 토지를 통행 또는 통로로 하지 아니하면 공로에 출입할 수 없거나 과다한 비용을 요하는 때에는 그 주위의 토지를 **통행**할 수 있고 필요한 경우에는 **통로를 개설**할 수 있다. 그러나 이로 인한 손해가 가장 적은 장소와 방법을 선택하여야 한다. ② 전항의 통행권자는 통행지 소유자의 **손해를 보상**하여야 한다.

① 통행지 소유자가 주위토지통행권에 기한 통행에 방해가 되는 담장 등 축조물을 설치한 경우에는 **통행지 소유자**가 그 철거의무를 부담한다.

② 기존 통로가 있더라도 당해 토지의 이용에 부적합하여 실제로 통로로서의 **충분한 기능을 하지 못하는 경우**에도 인정된다.

③ 이미 그 소유 토지의 용도에 필요한 통로가 있는 경우에는 그 통로를 사용하는 것보다 **더 편리하다는 이유만으로** 다른 장소로 통행할 권리를 인정할 수 없다.

④ 일단 주위토지통행권이 발생하였다고 하더라도 나중에 그 토지에 접하는 공로가 개설됨으로써 주위토지통행권을 인정할 필요성이 없어진 때에는 그 통행권은 소멸한다.

⑤ 주위토지통행권이 인정되는 때에도 그 통로개설이나 유지비용을 **주위토지통행권자**가 부담하여야 한다.

(2) 무상 주위토지통행권

> **제220조(분할, 일부양도와 주위통행권)** ① **분할**로 인하여 공로에 통하지 못하는 토지가 있는 때에는 그 토지소유자는 공로에 출입하기 위하여 다른 분할자의 토지를 통행할 수 있다. 이 경우에는 보상의 의무가 없다.
> ② 전항의 규정은 토지소유자가 그 토지의 **일부를 양도**한 경우에 준용한다.

무상 주위토지통행권에 관한 민법 제220조의 규정은 토지의 **직접 분할자** 또는 **직접 일부양도의 당사자** 사이에만 적용되고, 포위된 토지 또는 피통행지의 **특정승계인(양수인)**에게는 적용되지 않는다.

---

02 │ 소유권의 취득

1. 취득시효

(1) 취득시효의 대상

① 소유권, 지상권, 계속되고 표현된 지역권 등은 취득시효의 대상이 된다.

② **1필의 토지의 일부**에 대하여 점유시효취득이 인정된다.

③ **집합건물의 공용부분**은 취득시효의 목적이 될 수 없다.

④ **행정재산**은 취득시효의 대상이 될 수 없으나, **일반재산(잡종재산)**은 취득시효의 대상이 된다.

⑤ **성명불상자(姓名不詳者)**의 소유물에 대하여 시효취득을 인정할 수 있다.

(2) 부동산소유권의 점유취득시효

> **제245조(점유로 인한 부동산소유권의 취득기간)** ① 20년간 소유의 의사로 평온, 공연하게 부동산을 점유하는 자는 **등기함으로써** 그 소유권을 취득한다.

1) 요 건

① **20년간 평온·공연한 자주점유**

점유는 직접점유뿐만 아니라 **간접점유**인 경우도 포함한다.

② **등 기**

㉠ 취득시효완성을 원인으로 한 소유권이전등기청구권은 **채권적 청구권**이다. 따라서 소유권이전등기의 청구는 **시효완성 당시의 소유자**를 상대로 하여야 한다.

    ⓛ 취득시효기간 **만료 전**에 등기명의인이 변경된 경우, 시효완성자는 취득시효 기간 만료 전에 등기명의를 넘겨받은 시효완성 당시의 등기명의자에 대하여 도 그 소유권 취득을 주장할 수 있다.

    ⓒ 시효**완성 후** 소유명의인이 제3자에게 처분한 경우, 시효완성자는 유효하 게 등기를 마친 제3자에 대하여 자신의 시효취득을 주장할 수 없다.

③ 효 과

    ㉠ 시효취득에 의한 소유권 취득의 효력은 **점유를 개시한 때에 소급**한다(제 247조 제1항).

    ⓛ 부동산에 대한 취득시효가 완성되면 점유자가 아직 소유권을 취득하지 못하였다고 하더라도 소유명의자는 점유자에 대하여 점유로 인한 **부당이 득반환청구**나 **손해배상청구**를 할 수 없다.

(3) 부동산소유권의 등기부취득시효

> **제245조(점유로 인한 부동산소유권의 취득기간)** ② 부동산의 소유자로 **등기한 자가 10 년간** 소유의 의사로 평온, 공연하게 **선의**이며 **과실 없이** 그 부동산을 점유한 때에는 소 유권을 취득한다.

소유자로 등기된 자이면 족하고 그 등기가 유효한 등기일 필요는 없다. 다만 중복 등기로 인해 무효인 소유권보존등기에 기한 등기부 취득시효는 부정된다.

2. 기타 소유권 취득

> **제252조(무주물의 귀속)** ① 무주의 동산을 소유의 의사로 점유한 자는 그 소유권을 취득한다.
> ② 무주의 부동산은 국유로 한다.
> **제256조(부동산에의 부합)** 부동산의 소유자는 그 부동산에 부합한 물건의 소유권을 취득한 다. 그러나 **타인의 권원**에 의하여 부속된 것은 그러하지 아니하다.
> **제261조(첨부로 인한 구상권)** 전5조의 경우에 손해를 받은 자는 부당이득에 관한 규정에 의하여 **보상을 청구**할 수 있다.

(1) 정당한 **권원 없이** 수목을 심은 경우에는 그 수목은 토지에 부합하나, 지상권이나 토지임차권 등 **정당한 권원**에 의하여 수목을 식재한 경우에는 그 수목은 토지에 부합하지 않고 식재한 자의 소유로 된다.

(2) 건물의 증축부분은 기존건물과 독립성이 없는 경우에는 기존건물에 부합하지만 기존건물과 독립성이 있는 경우에는 기존건물에 부합하지 않는다.

03 공동소유

1. 공 유

(1) 공유와 지분

> **제262조(물건의 공유)** ① 물건이 지분에 의하여 수인의 소유로 된 때에는 공유로 한다.
> ② 공유자의 지분은 **균등**한 것으로 **추정**한다.
> **제263조(공유지분의 처분과 공유물의 사용, 수익)** 공유자는 그 지분을 처분할 수 있고 공유물 전부를 **지분의 비율로** 사용, 수익할 수 있다.
> **제267조(지분포기 등의 경우의 귀속)** 공유자가 그 지분을 포기하거나 상속인 없이 사망한 때에는 그 지분은 다른 공유자에게 **각 지분의 비율로** 귀속한다.

공유지분의 **포기**는 법률행위로서 민법 제186조에 의하여 **등기**하여야 공유지분 포기에 따른 물권변동의 효력이 발생한다.

(2) 공유자 간의 공유관계

> **제264조(공유물의 처분, 변경)** 공유자는 **다른 공유자의 동의 없이** 공유물을 처분하거나 변경하지 못한다.
> **제265조(공유물의 관리, 보존)** 공유물의 관리에 관한 사항은 공유자의 **지분의 과반수**로써 결정한다. 그러나 보존행위는 **각자**가 할 수 있다.

1) 공유물의 처분·변경

공유자 중 1인이 다른 공유자의 동의 없이 공유토지 전부를 매도하여 타인명의로 소유권이전등기가 마쳐진 경우, **매매계약**은 **(전부)유효**하지만 그 **이전등기**는 처분 공유자의 공유**지분 범위 내에서만** 실체관계에 부합하는 **유효**한 등기이다.

2) 공유물의 관리·보존

① 공유물의 관리

㉠ 공유물의 관리라 함은 처분이나 변경에 이르지 않는 정도로 공유물을 이용·개량하는 행위(공유물의 임대 등)를 말한다. 이러한 관리행위는 공유자의 **지분의 과반수**의 결정에 의한다. 따라서 소수 지분의 공유자는 과반수 지분의 공유자로부터 공유물의 사용·수익을 허락받은 점유자에 대하여 인도청구 등 **점유배제**를 청구할 수 없으며, **부당이득의 반환을 청구**할 수 없다. 소수 지분의 공유자는 **과반수 지분권자**에게 부당이득반환을 청구하여야 한다.

㉡ 과반수 지분권자라 하여도 공유물인 나대지에 **건물을 건축**하는 것은 허용되지 않는다.

② 공유물의 보존

  ㉠ 보존행위는 공유자 **각자** 단독으로 할 수 있다.

  ㉡ **"제3자"**가 공유물을 불법으로 점유하고 있는 경우, 각 공유자는 자기에게 **전부의 인도를 청구**할 수 있다. 마찬가지로 공유부동산에 제3자 명의로 원인무효의 소유권이전등기가 경료되어 있다면 각 공유자는 그 등기 **전부의 말소를 청구**할 수 있다. 다만 공유물에 끼친 불법행위를 이유로 한 손해배상청구권 또는 부당이득반환청구권은 특별한 사유가 없는 한 각 공유자는 그 **지분비율의 한도 내**에서만 이를 행사할 수 있다.

  ㉢ **"소수지분권자"**가 다른 공유자와 협의 없이 공유물을 독점적으로 점유하고 있다면, **다른 소수지분권자**는 공유물의 보존행위로서 공유물의 **인도를 청구**할 수 없고 **방해배제청구권**을 행사할 수 있다.

(3) 공유물의 분할

1) 공유물분할의 자유

> **제268조(공유물의 분할청구)** ① 공유자는 공유물의 분할을 청구할 수 있다. 그러나 **5년** 내의 기간으로 분할하지 아니할 것을 약정할 수 있다.

2) 분할의 방법 : 언제나 전원참여

> **제269조(분할의 방법)** ① 분할의 방법에 관하여 협의가 성립되지 아니한 때에는 공유자는 법원에 그 분할을 청구할 수 있다.
> ② 현물로 분할할 수 없거나 분할로 인하여 현저히 그 가액이 감손될 염려가 있는 때에는 법원은 물건의 경매를 명할 수 있다.

① 협의에 의한 분할

  공유물의 분할은 우선 협의에 의하여 이를 정한다.

② 재판에 의한 분할

  공유물분할판결은 **형성판결**이므로 등기를 요하지 아니하고 **판결이 확정된 때** 물권변동의 효력이 생긴다(제187조).

③ 분할의 효과

  공유자의 1인이 그 지분에 저당권을 설정한 후 공유물이 분할된 경우, 저당권은 특단의 사정이 없는 한 저당권설정자 앞으로 분할된 부분에 당연히 **집중**되는 것은 아니다.

(4) 구분소유적 공유(상호명의신탁)

① 내부관계에 있어서 각 지분권자는 자신의 특정부분에 한하여 소유권을 취득하고 이를 배타적으로 사용·수익할 수 있다.

② 상호명의신탁의 경우, **공유물분할청구**의 소를 제기하여 구분소유적 공유관계를 해소할 수 없다. 공유지분권자 상호간의 **지분이전등기의무**는 동시이행관계에 있다.

2. 합 유

① 법률의 규정 또는 계약에 의하여 수인이 **조합체**로서 물건을 소유하는 때에 그 공동소유를 합유라고 한다(제271조 제1항).

② 합유에서도 지분은 존재하지만, 합유자는 **전원의 동의 없이** 합유물에 대한 **지분**을 처분하지 못한다(제273조 제1항).

③ 합유자 중 일부가 사망한 경우 합유자 사이에 특별한 약정이 없는 한 사망한 합유자의 상속인은 **합유자로서의 지위를 승계**하지 못한다.

④ 합유자는 합유물의 **분할을 청구**하지 못한다(제273조 제2항).

⑤ 합유물의 **보존행위**는 각 합유자가 단독으로 할 수 있으므로, 합유물에 관하여 경료된 원인 무효의 소유권이전등기의 말소를 구하는 소는 합유자 각자가 제기할 수 있다.

3. 총 유

① **권리능력 없는 사단(비법인사단)**의 사원이 집합체로서 물건을 소유하는 때에 그 공동소유를 총유라고 한다(제275조 제1항). 종중, 교회, 사찰, 친목회 등의 재산 소유형태가 총유에 속한다.

② 공유나 합유와 달리, 총유에는 **지분**이 없다.

③ 총유물의 **관리·처분**은 **사원총회의 결의**에 의한다(제276조 제1항).

④ 총유물의 **보존행위**도 **사원총회의 결의**에 의하고 각자 단독으로 할 수 있는 것은 아니다.

⑤ 종중이 그 소유의 토지의 매매를 중개한 **중개업자에게 중개수수료를 지급하기로 하는 약정을 체결**하는 것은 단순한 채무부담행위에 불과하여 이를 총유물의 관리·처분행위라고 할 수 없다

Chapter 05 용익물권

01 지상권

1. 총 설

> **제279조(지상권의 내용)** 지상권자는 타인의 토지에 건물 기타 공작물이나 수목을 소유하기 위하여 그 토지를 사용하는 권리가 있다.
>
> **제289조의2(구분지상권)** ① 지하 또는 지상의 공간은 상하의 범위를 정하여 **건물 기타 공작물**을 소유하기 위한 지상권의 목적으로 할 수 있다.

지상권은 타인의 토지를 사용하기 위한 물권이다. 지상권의 목적물인 토지는 일필의 토지의 전부뿐만 아니라 그 **일부**라도 무방하다.

2. 담보지상권

① 근저당권 등 담보권 설정자가 담보가치의 하락을 막기 위해 담보권자에게 지상권을 설정해 준 경우, 이를 담보지상권이라고 한다.

② 담보지상권은 그 피담보채권이 소멸한 경우에는 피담보채권에 부종하여 **소멸**한다.

③ 담보지상권은 특별한 사정이 없는 한 임료 상당의 이익을 얻을 수 없으므로, 제3자가 목적 토지에 무단으로 건물을 신축하는 경우, 지상권자는 목적 토지의 사용·수익을 이유로 **손해배상의 청구**나 **부당이득의 반환을 청구**할 수 없고, **건물의 철거**나 **토지의 인도를 청구**할 수 있다.

3. 지상권의 존속기간

(1) 설정행위로 기간을 정하는 경우

1) 최단존속기간

> **제280조(존속기간을 약정한 지상권)** ① 계약으로 지상권의 존속기간을 정하는 경우에는 그 기간은 다음의 연한보다 단축하지 못한다.
> 1. 견고한 건물이나 수목의 소유를 목적으로 하는 때에는 **30년**
> 2. 전호 이외의 건물의 소유를 목적으로 하는 때에는 **15년**
> 3. 건물 이외의 공작물의 소유를 목적으로 하는 때에는 **5년**
> ② 전항의 기간보다 단축한 기간을 정한 때에는 전항의 기간까지 연장한다.

2) 최장존속기간

지상권의 존속기간을 **영구**로 약정하는 것도 허용된다.

(2) 설정행위로 기간을 정하지 않은 경우

> **제281조(존속기간을 정하지 아니한 지상권)** ① 계약으로 지상권의 존속기간을 약정하지 아니한 때에는 그 기간은 전조의 최단존속기간으로 한다.
> ② 지상권설정 당시에 공작물의 종류와 구조를 정하지 아니한 때에는 지상권은 전조 제2호의 건물의 소유를 목적으로 한 것으로 본다.

(3) 지상권자(토지임차인, 토지전세권자)의 갱신청구권·매수청구권

> **제283조(지상권자의 갱신청구권, 매수청구권)** ① 지상권이 소멸한 경우에 건물 기타 공작물이나 수목이 현존한 때에는 지상권자는 계약의 갱신을 청구할 수 있다.
> ② 지상권설정자가 계약의 갱신을 원하지 아니하는 때에는 지상권자는 상당한 가액으로 전항의 공작물이나 수목의 매수를 청구할 수 있다.

4. 지상권의 효력

(1) 지상권의 처분

> **제282조(지상권의 양도, 임대)** 지상권자는 타인에게 그 권리를 양도하거나 그 권리의 존속기간 내에서 그 토지를 임대할 수 있다.

지상권자는 **토지소유자(지상권 설정자)의 의사에 반하여** 지상권을 양도(매매)할 수 있다. 그리고 지상권을 **저당권**의 목적으로 할 수도 있다(제371조).

(2) 지료지급의무

1) 지 료

지료의 지급은 지상권의 성립요소가 아니므로 당사자가 지료의 지급을 약정한 때에만 지상권자는 지료지급의 의무를 진다.

2) 지료체납의 효과

> **제287조(지상권소멸청구권)** 지상권자가 **2년** 이상의 지료를 지급하지 아니한 때에는 지상권설정자는 지상권의 소멸을 청구할 수 있다.
>
> **제288조(지상권소멸청구와 저당권자에 대한 통지)** 지상권이 저당권의 목적인 때 또는 그 토지에 있는 건물, 수목이 저당권의 목적이 된 때에는 전조의 청구는 저당권자에게 통지한 후 **상당한 기간이 경과(즉시X)**함으로써 그 효력이 생긴다.

지상권자의 지료지급연체가 토지소유권의 양도 전후에 걸쳐 이루어진 경우, **토지양수인에 대한 연체기간이 2년이 되지 않는다면** 양수인은 지상권소멸청구를 할 수 없다.

(3) 준용규정

지상권에 소유권에 기한 **물권적 청구권, 상린관계 규정**이 준용된다.

5. 법정지상권

(1) 제305조의 법정지상권

대지와 건물이 동일한 소유자에게 속한 경우에 건물에 전세권을 설정한 때에는 그 대지 소유권의 특별승계인은 **전세권설정자(건물소유자)**에 대하여 지상권을 설정한 것으로 본다.

(2) 제366조의 법정지상권

> **제366조(법정지상권)** **저당물의 경매**로 인하여 토지와 그 지상건물이 다른 소유자에 속한 경우에는 토지소유자는 건물소유자에 대하여 지상권을 설정한 것으로 본다. 그러나 지료는 당사자의 청구에 의하여 법원이 이를 정한다.

1) 성립요건

① 저당권설정 당시에 건물이 존재할 것

㉠ 법정지상권이 성립하기 위해서는 저당권**설정 당시**에 토지와 지상건물의 소유자가 동일인이어야 한다.

ⓛ **건물이 없는 토지**에 관하여 저당권이 설정될 당시 근저당권자가 토지소유자에 의한 건물의 건축에 동의하였다고 하더라도 법정지상권이 **성립하지 않는다.**

ⓒ 저당권 설정 당시 건물이 실재하는 한 그 건물이 **무허가**건물 · **미등기**건물이라도 법정지상권은 성립한다.

ⓓ 동일인의 소유에 속하는 토지 및 그 지상 건물에 관하여 **공동저당권**이 설정된 후 그 지상**건물이 철거**되고 새로 건물이 **신축**된 경우에는 특별한 사정이 없는 한 저당물의 경매로 인하여 토지와 그 신축건물이 다른 소유자에 속하게 되더라도 그 신축건물을 위한 법정지상권은 **성립하지 않는다.**

② 경매로 소유자가 달라질 것

제366조의 경매는 **담보권실행경매(임의경매)**만을 의미하고, 통상의 **강제경매**의 경우에는 관습법상의 법정지상권이 인정된다.

2) 법정지상권의 내용

법정지상권은 지상권에 관한 민법규정이 준용된다.

(3) 관습법상의 법정지상권

1) 의 의

동일인의 소유에 속하였던 토지와 건물 중 어느 한쪽이 매매 등으로 그 소유자가 각각 달리진 경우, **그 건물을 철거한다는 특약이 없는 이상**, 건물소유자가 당연히 취득하게 되는 지상권을 관습법상의 법정지상권이라 한다.

2) 성립요건

① 토지와 건물이 '처분 당시' 동일인의 소유에 속하였을 것

동일인의 소유에 속하는 한 그 건물이 **미등기**의 **무허가**건물이더라도 상관이 없다.

② 토지와 건물 중 어느 하나가 매매 기타 원인으로 소유자가 달라질 것

매매, 증여, 강제경매 등의 사유가 있는 경우 관습법상의 법정지상권이 발생할 수 있다.

③ 당사자 사이에 건물을 철거한다는 특약이 없을 것

ⓐ 당사자 사이에 **건물을 철거한다는 특약**이 있는 경우에는 그러한 건물을 위하여 법정지상권은 **인정될 여지가 없다.**

ⓑ 동일인에게 속하였던 대지와 건물 중 건물만을 매수하면서 따로 건물을 위하여 당사자가 **대지에 관한 임대차계약**을 체결한 경우에는, 건물의 양수인이 관습법상의 법정지상권을 **포기한 것으로 본다.**

3) 미등기건물을 대지와 함께 양도한 경우

① 미등기건물을 그 대지와 **함께 매도**하였다면 비록 매수인에게 그 대지에 관하여만 소유권이전등기가 경료되고 건물에 관하여는 등기가 경료되지 아니하여 형식적으로 대지와 건물이 그 소유 명의자를 달리하게 되었다 하더라도 매도인에게 관습상의 법정지상권이 **인정되지 않는다.**

② 미등기건물과 그 대지를 **함께 매수**하고 대지에 관해서만 소유권이전등기를 한 후, 대지에 대하여 설정된 저당권의 실행으로 대지가 다른 사람의 소유로 된 경우에는 제366조의 법정지상권이 **성립되지 않는다.**

4) 강제경매와 관습법상의 법정지상권(말소기준권리 기준)

① 토지 또는 그 지상 건물의 소유권이 강제경매로 인하여 그 절차상의 매수인에게 이전되는 경우에는 **매각대금의 완납 시**가 아니라 강제경매개시결정으로 **압류의 효력이 발생하는 때**를 기준으로 토지와 지상 건물이 동일인에게 속하였는지에 따라 관습상 법정지상권의 성립 여부를 가려야 하고

② 강제경매의 목적이 된 토지 또는 그 지상 건물에 대하여 **가압류**가 되어 있다가 그 가압류가 강제경매개시결정으로 인하여 본압류로 이행되어 경매절차가 진행된 경우에는 **가압류의 효력이 발생한 때**를 기준으로 토지와 그 지상 건물이 동일인에 속하였는지에 따라 관습상 법정지상권의 성립 여부를 판단하여야 한다.

③ 나아가 강제경매의 목적이 된 토지 또는 그 지상 건물에 관하여 강제경매를 위한 압류나 그 압류에 선행한 가압류가 있기 이전에 **저당권**이 설정되어 있다가 그 후 강제경매로 인해 그 저당권이 소멸하는 경우에는, 그 **저당권 설정 당시**를 기준으로 토지와 그 지상 건물이 동일인에게 속하였는지에 따라 관습상 법정지상권의 성립 여부를 판단하여야 한다.

5) 권리의 내용

관습법상 법정지상권은 지상권에 관한 민법 규정이 준용된다.

6. 분묘기지권

① 분묘기지권은 **등기 없이** 성립한다.

② 분묘기지권을 시효취득한 자는 토지소유자가 지료를 청구하면 **지료를 청구한 날**부터의 **지료를 지급할 의무**가 있다.

02 지역권

1. 지역권의 의의

> **제291조(지역권의 내용)** 지역권자는 일정한 목적을 위하여 타인의 토지를 자기 토지의 편익에 이용하는 권리가 있다.

① 요역지는 반드시 **1필의 토지**이어야 하지만, 승역지는 **1필의 토지의 일부**라도 무방하다.

② 지역권은 유상이든 무상이든 상관이 없다.

③ 지역권은 성질상 **영구**의 지역권을 설정하는 것도 가능하다.

2. 지역권의 법적성질

> **제292조(부종성)** ① 지역권은 요역지 소유권에 부종하여 이전하며 또는 요역지에 대한 소유권 이외의 권리의 목적이 된다. 그러나 다른 약정이 있는 때에는 그 약정에 따른다.
> ② 지역권은 **요역지와 분리하여** 양도하거나 다른 권리의 목적으로 하지 못한다.
> **제293조(공유관계, 일부양도와 불가분성)** ① 토지공유자의 **1인**은 지분에 관하여 그 토지를 위한 지역권 또는 그 토지가 부담한 지역권을 **소멸**하게 하지 못한다.
> **제295조(취득과 불가분성)** ① 공유자의 1인이 지역권을 취득한 때에는 다른 공유자도 이를 취득한다.
> ② 점유로 인한 지역권취득기간의 **중단**은 지역권을 행사하는 **모든 공유자**에 대한 사유가 아니면 그 효력이 없다.
> **제296조(소멸시효의 중단, 정지와 불가분성)** 요역지가 수인의 공유인 경우에 그 1인에 의한 지역권소멸시효의 **중단 또는 정지**는 다른 공유자를 위하여 효력이 있다.

① 요역지 소유권이 이전되면 지역권은 **이전등기 없이** 이전한다.

② 요역지 위에 지상권이나 전세권 등 용익권이 설정되면 **용익권자도** 지역권을 행사할 수 있다.

③ 지역권은 요역지를 위하여 존재하는 종된 권리이므로 **요역지와 분리하여** 지역권만을 양도하거나 다른 권리(저당권 등)의 목적으로 하지 못한다.

3. 지역권의 취득과 효력

(1) 지역권의 시효취득

① 지역권은 **계속**되고 **표현**된 것에 한하여 제245조의 규정을 준용한다(제294조).

② 통행지역권은 요역지 소유자가 승역지에 **통로를 개설**하여 승역지를 사용하는 상태가 민법 제245조의 기간 동안 계속된 경우에 한하여 그 시효취득을 인정할 수 있다.

③ 요역지의 **불법점유자**는 지역권을 시효취득할 수 없다.

④ 취득시효기간의 경과 후 그 **등기를 하여야** 지역권을 취득한다.

⑤ 다른 특별한 사정이 없다면 통행지역권을 시효취득한 자는 승역지 소유자가 입은 **손해(손실)를 보상**하여야 한다.

(2) 지역권에 기한 물권적 청구권

지역권이 침해된 때에는 방해배제청구권 또는 방해예방청구권을 행사할 수 있으나 지역권은 점유를 수반하는 권리가 아니므로 **반환청구권**은 준용(인정)되지 않는다.

---

03 전세권

1. 총 설

> **제303조(전세권의 내용)** ① 전세권자는 **전세금을 지급**하고 타인의 부동산을 점유하여 그 부동산의 용도에 좇아 **사용·수익**하며, 그 부동산 전부에 대하여 후순위권리자 기타 채권자보다 전세금의 **우선변제**를 받을 권리가 있다.

2. 전세권의 취득과 존속기간

(1) 전세권의 취득

1) 설정계약에 의한 취득

① 서 설

설정계약에 의하여 전세권이 성립하기 위해서는 **전세권설정계약**과 **전세권설정등기** 이외에 약정한 **전세금 지급**이 있어야 비로소 전세권이 성립한다. 그러나 **목적부동산의 인도**는 전세권의 성립요건이 아니다.

② 전세금

    ㉠ 전세금은 반드시 현실적으로 **수수되어야만 하는 것은 아니고** 기존의 채권으로 전세금의 지급에 갈음할 수 있다.

    ㉡ 전세권의 목적 부동산의 소유권이 이전된 후 전세권의 존속기간이 만료되면 전세권자는 **양수인(신소유자)**에게만 전세금의 반환을 청구할 수 있고 전세권 설정자에게 청구할 수 없다.

③ 전세권설정등기

    전세권 존속기간이 시작되기 전에 마친 전세권설정등기도 특별한 사정이 없는 한 **유효**한 것으로 **추정**된다.

④ 채권**담보**의 목적으로 전세권을 설정한 경우, 그 설정과 동시에 목적물을 인도하지 않았으나 장래 전세권자의 **사용·수익을 완전히 배제하는 것이 아니라면**, 그 전세권은 유효하다.

(2) 전세권의 존속기간

> **제312조(전세권의 존속기간)** ① 전세권의 존속기간은 **10년**을 넘지 못한다. 당사자의 약정기간이 10년을 넘는 때에는 이를 10년으로 단축한다.
> ② **건물**에 대한 전세권의 존속기간을 1년 미만으로 정한 때에는 이를 **1년**으로 한다.
> ③ 전세권의 설정은 이를 갱신할 수 있다. 그 기간은 갱신한 날로부터 10년을 넘지 못한다.
> ④ **건물**의 전세권설정자가 전세권의 존속기간 만료 전 6월부터 1월까지 사이에 전세권자에 대하여 갱신거절의 통지 또는 조건을 변경하지 아니하면 갱신하지 아니한다는 뜻의 통지를 하지 아니한 경우에는 그 기간이 만료된 때에 전전세권과 동일한 조건으로 다시 전세권을 설정한 것으로 본다. 이 경우 전세권의 존속기간은 그 정함이 없는 것으로 본다.
> **제313조(전세권의 소멸통고)** 전세권의 존속기간을 약정하지 아니한 때에는 각 당사자는 **언제든지** 상대방에 대하여 전세권의 소멸을 통고할 수 있고 상대방이 이 통고를 받은 날로부터 **6월**이 경과하면 전세권은 소멸한다.

① 1년이라는 **최단존속기간**과 **법정갱신**은 토지전세권에는 인정되지 않고 **건물 전세권**에만 인정된다.

② 전세권이 **법정갱신**된 경우, 전세권자는 그 **등기 없이도** 전세권설정자나 그 목적물을 취득한 제3자에 대하여 그 권리를 주장할 수 있다.

Part 02 물권법 67

3. 전세권의 효력

(1) 전세권자의 권리와 의무

① 건물전세권의 효력

> **제304조(건물의 전세권, 지상권, 임차권에 대한 효력)** ① 타인의 토지에 있는 건물에 전세권을 설정한 때에는 전세권의 효력은 그 건물의 소유를 목적으로 한 **지상권** 또는 **임차권**에 미친다.

② 전세권자의 유지수선의무

> **제309조(전세권자의 유지, 수선의무) 전세권자**는 목적물의 현상을 유지하고 그 통상의 관리에 속한 수선을 하여야 한다.

전세권자는 목적물의 현상을 유지하고 그 통상의 관리에 필요한 수선을 하여야 한다. 따라서 전세권자(또는 지상권자)에게는 **필요비상환청구권**이 인정되지 않는다. 다만 유익비상환청구권은 인정된다.

③ 전세권자는 전세권의 내용실현이 방해된 때에는 **물권적 청구권**을 행사할 수 있다. 한편 전세권자는 필요한 범위 내에서 토지를 사용할 수 있으므로 전세권에 **상린관계의 규정**이 적용된다.

(2) 전세권의 처분

> **제306조(전세권의 양도, 임대 등)** 전세권자는 전세권을 타인에게 양도 또는 담보로 제공할 수 있고 그 존속기간 내에서 그 목적물을 타인에게 전전세 또는 임대할 수 있다. 그러나 **설정행위**로 이를 금지한 때에는 그러하지 아니하다.

4. 전세권의 소멸

① 전세권의 소멸과 동시이행

> **제317조(전세권의 소멸과 동시이행)** 전세권이 소멸한 때에는 전세권설정자는 **전세권자로부터 그 목적물의 인도 및 전세권설정등기의 말소등기에 필요한 서류의 교부를 받는 동시에** 전세금을 반환하여야 한다.

② 명문규정은 없으나 판례는 토지전세권자에게도 지상물매수청구권을 인정한다.

③ 전세권설정자가 전세금의 반환을 지체하면 전세권자는 목적물의 **경매를 신청**할 수 있다(제318조). 다만 건물 **일부**의 전세권자에게는 건물 전부에 대하여 전세권에 기한 **경매신청권**은 인정되지 않으나 **우선변제권**은 인정된다.

Chapter 06 담보물권

01 담보물권의 통유성

1. 부종성

피담보채권이 성립하고 있지 않거나 소멸하는 때에는 담보물권도 존재하지 않게 된다.

> **제369조(부종성)** 저당권으로 담보한 채권이 시효의 완성 기타 사유로 인하여 소멸한 때에는 저당권도 소멸한다.

2. 수반성

① 피담보채권이 제3자에게 이전하면 특별한 사정이 없는 한 담보물권도 이에 따라 이전한다.

② 저당권의 처분제한

> **제361조(저당권의 처분제한)** 저당권은 **그 담보한 채권과 분리하여** 타인에게 양도하거나 다른 채권의 담보로 하지 못한다.

3. 불가분성

담보물권은 피담보채권의 전부에 대한 변제가 있을 때까지 목적물의 전부 위에 그 효력이 미친다.

4. 물상대위성

① 담보물권의 목적물이 **멸실·훼손·공용징수**에 의하여 목적물에 갈음하는 금전 기타의 물건(화재보험금, 수용보상금 등)으로 변한 경우, 담보물권은 그 목적물에 갈음하는 금전 기타의 물건에 대하여 존속하게 된다.

② 물상대위권을 행사하려면 금전 또는 물건이 담보권**설정자에게 지급 또는 인도하기 전**에 **압류**하여야 한다. 다만 반드시 저당권자가 스스로 압류할 것을 요구하는 것은 아니며 **제3자**가 압류한 경우이더라도 물상대위권을 행사할 수 있다.

③ 저당목적물이 매매 또는 임대된 경우에는 저당권자가 그 목적물 자체에 권리를 행사할 수 있으므로, 저당권설정자가 받을 **매매대금** 또는 **차임**에 대해서는 물상대위가 인정되지 않는다.

④ 저당권이 설정된 토지가 「공익사업을 위한 토지 등의 취득 및 보상에 관한 법률」에 따라 **협의취득**된 경우, 저당권자는 토지소유자가 수령할 보상금(매매대금)에 대하여 물상대위를 할 수 없다.

⑤ 전세권이 저당권의 목적인 경우, 전세권의 존속기간이 만료된 경우 전세권은 **말소등기 없이도** 당연히 소멸한다. 따라서 저당권자는 더 이상 **전세권 자체**에 대하여 저당권을 실행할 수 없다.

---

02 유치권

1. 유치권의 의의와 성질

> **제320조(유치권의 내용)** ① 타인의 물건 또는 유가증권을 점유한 자는 그 물건이나 유가증권에 **관하여 생긴** 채권이 변제기에 있는 경우에는 변제를 받을 때까지 그 물건 또는 유가증권을 **유치할 권리**가 있다.
> ② 전항의 규정은 그 점유가 **불법행위**로 인한 경우에 적용하지 아니한다.

(1) 채권과 목적물과의 견련관계

1) 견련관계의 의미

유치권이 인정되기 위해서는 채권이 목적물에 관하여 생긴 것이어야 한다.

2) 견련관계 인정여부

① 견련관계가 인정되는 경우

건물건축의 수급인의 **공사대금채권**, 임차인이 임차목적물에 지출한 **필요비 또는 유익비상환청구권, 수리비·수선비 채권 등**은 유치권이 인정된다.

② 견련관계가 부정되는 경우

ㄱ **보증금반환청구권**, **권리금반환청구권**, **지상물매수청구권**, **부속물매수청구권**은 유치권이 인정되지 않는다.

ㄴ **매매대금(건축자재대금채권, 외상대금 등)**채권을 피담보채권으로 유치권을 주장할 수 없다.

ㄷ **명의신탁**에서 신탁자의 부당이득반환청구권은 유치권을 주장할 수 없다.

ㄹ 건물의 신축공사를 도급받은 수급인이 **사회통념상 독립한 건물이라고 볼 수 없는 정착물**을 토지에 설치한 상태에서 공사가 중단된 경우, 위 정착물은 토지의 부합물에 불과하여 **이러한 정착물**에 대하여 유치권을 행사할 수 없고, 또한 공사중단시까지 발생한 공사금 채권은 토지에 관하여 생긴 것이 아니므로 **토지**에 대하여 유치권을 행사할 수도 없다.

(2) 유치권의 법적 성질

1) 법정담보물권

① 유치권은 법정담보물권이지만 유치권의 성립에 관한 민법의 규정은 **임의규정**이므로 당사자 사이의 유치권의 발생을 배제하는 특약은 **유효**하다.

② 임대차계약에서 "임대차 종료시 임차인의 부담으로 **원상**으로 **회복**(복구)하기로 한다"라고 **약정**한 경우, 이는 비용상환청구권(임의규정)을 배제하는 약정으로서 유치권이 인정되지 않는다.

2) 담보물권의 통유성

유치권은 담보물권으로서 부종성·수반성·불가분성은 인정되지만, **우선변제권, 물상대위성, 유치권에 기한 물권적 청구권이** 인정되지 않는다.

(3) 타인의 물건 또는 유가증권의 점유

1) 유치권의 목적물

유치권의 목적물은 **타인의 물건**이어야 한다. 타인은 채무자에 한하지 않고 **제3자**도 포함된다.

2) 점유의 계속

유치권자의 점유는 **간접점유**라 하더라도 무방하다. 그러나 **채무자를 직접점유자로 하여 채권자가 간접점유**하는 경우에는 유치권은 성립하지 않는다.

3) 적법한 점유

점유가 **불법행위**로 인한 경우에는 유치권은 성립하지 않는다.

(4) 변제기의 도래

채권의 변제기 도래는 유치권의 **성립·존속요건**이다. 따라서 유익비상환청구권에 관하여 유치권이 이미 성립한 경우에도 채무자가 **법원으로부터 상환기간을 허여(유예)**를 받으면 채권자는 유치권을 행사할 수 없다.

3. 유치권의 효력

(1) 유치권자의 권리

1) 유치적 효력의 제3자에 대한 주장

① 유치권자는 경매절차의 **매수인**에 대해서도 **인도를 거절**할 수 있다. 다만 매수인은 채무자는 아니므로 피담보채권의 **변제를 청구**할 수 없다.

② 채무자 소유의 건물 등 부동산에 **강제경매개시결정의 기입등기가 경료되어 압류의 효력이 발생한 이후**에 **유치권을 취득**한 경우, 점유자는 유치권을 내세워 그 부동산에 관한 경매절차의 **매수인에게 대항할 수 없다.**

③ 마찬가지로 수급인이 경매개시결정의 기입등기가 마쳐지기 전에 채무자에게서 건물의 점유를 이전받았다 하더라도 **경매개시결정의 기입등기가 마쳐져 압류의 효력이 발생한 후**에 공사를 완공하여 공사대금채권을 취득함으로써 그때 비로소 **유치권이 성립**한 경우에는, 수급인은 유치권을 내세워 경매절차의 **매수인에게 대항할 수 없다.**

④ 반면 **경매개시결정등기가 되기 전(경매로 인한 압류의 효력이 발생하기 전)**에 이미 그 부동산에 관하여 **유치권을 취득**한 사람은 그 취득에 앞서 저당권설정등기나 가압류등기 또는 체납처분압류등기가 먼저 되어 있다 하더라도 경매절차의 **매수인에게 대항할 수 있다.**

2) 경매권, 간이변제충당권

> 제322조(경매, 간이변제충당) ① 유치권자는 채권의 변제를 받기 위하여 유치물을 **경매**할 수 있다.

3) 유치권자의 과실수취권

> 제323조(과실수취권) ① 유치권자는 유치물의 **과실을 수취**하여 다른 채권보다 먼저 그 채권의 변제에 충당할 수 있다.

(2) 유치권자의 의무

> **제324조(유치권자의 선관의무)** ① 유치권자는 선량한 관리자의 주의로 유치물을 점유하여야 한다.
> ② 유치권자는 채무자의 승낙 없이 유치물의 사용, 대여 또는 담보제공을 하지 못한다. 그러나 유치물의 **보존에 필요한 사용**은 그러하지 아니하다.
> ③ 유치권자가 전2항의 규정에 위반한 때에는 채무자는 유치권의 소멸을 청구할 수 있다.

4. 유치권의 소멸

> **제326조(피담보채권의 소멸시효)** 유치권의 행사는 채권의 소멸시효의 진행에 영향을 미치지 아니한다.
> **제328조(점유상실과 유치권소멸)** 유치권은 **점유의 상실**로 인하여 소멸한다.

03 | 저당권

> **제356조(저당권의 내용)** 저당권자는 채무자 또는 제3자가 점유를 이전하지 아니하고 채무의 담보로 제공한 부동산에 대하여 다른 채권자보다 자기채권의 우선변제를 받을 권리가 있다.

1. 저당권의 효력

(1) 저당권의 객체

민법상 저당권의 객체는 **부동산(토지, 건물)**과 **지상권·전세권**이다(**지역권 X**).

(2) 제3취득자의 지위

> **제363조(저당권자의 경매청구권, 경매인)** ① 저당권자는 그 채권의 변제를 받기 위하여 저당물의 경매를 청구할 수 있다.
> ② **저당물의 소유권을 취득한 제3자도 경매인**이 될 수 있다.
> **제364조(제삼취득자의 변제)** 저당부동산에 대하여 소유권, 지상권 또는 전세권을 취득한 **제3자**는 저당권자에게 **그 부동산으로 담보된 채권**을 변제하고 저당권의 소멸을 청구할 수 있다.
> **제367조(제삼취득자의 비용상환청구권)** 저당물의 제삼취득자가 그 부동산의 보존, 개량을 위하여 필요비 또는 유익비를 지출한 때에는 저당물의 경매대가에서 **우선상환**을 받을 수 있다.

① 제3취득자란 저당부동산에 대하여 소유권, 지상권 또는 전세권을 취득한 자를 말한다.

② 저당부동산에 대한 **후순위저당권자**는 선순위저당부동산의 피담보채권을 변제하고 그 저당권의 소멸을 청구할 수 있는 제364조에서 정한 제3취득자에 해당하지 않는다.

③ 제3취득자는 저당권자에게 그 부동산으로 담보된 채권을 변제하고 저당권의 소멸을 청구할 수 있으므로(제364조), 지연이자는 원본의 **이행기일을 경과한 후 1년분만** 변제하고 저당권의 소멸을 청구할 수 있다. 마찬가지로 근저당의 실제 채무액이 채권최고액을 초과하더라도 제3취득자는 **채권최고액만** 변제하고 그 근저당권의 말소를 청구할 수 있다.

(3) 저당권의 효력이 미치는 범위

1) 피담보채권의 범위

> **제360조(피담보채권의 범위)** 저당권은 원본, 이자, 위약금, 채무불이행으로 인한 손해배상 및 저당권의 실행비용을 담보한다. 그러나 지연배상에 대하여는 원본의 이행기일을 경과한 후의 **1년분**에 한하여 저당권을 행사할 수 있다.

[경매의 배당순위]

제0순위	**경**매실행비용
제1순위	저당부동산의 제3취득자의 필요비·유익비 등 **비**용상환청구권
제2순위 (**최**우선변제)	·주택임대차보호법, 상가건물 임대차보호법의 소액보증금 중 일정액 ·근로기준법상 최종 3월분 임금채권 및 최종 3년분 퇴직금채권
제3순위	**당**해세(집행의 목적물에 대하여 부과된 국세·지방세)
제4순위 (**우**선변제)	·당해세를 제외한 국세·지방세 ·저당권·전세권 등에 의해 담보된 채권 ·우선변제권 있는 주택임대차보호법, 상가건물 임대차보호법의 보증금
제5순위	일반**임금**채권
제6순위	각종 **공**과금(의료보험료·산재보험료·국민연금료 등)
제7순위	일반**채**권

2) 목적물의 범위

① 부합물, 종물, 종된 권리

> **제358조(저당권의 효력의 범위)** 저당권의 효력은 저당부동산에 **부합된 물건**과 **종물**에 미친다. 그러나 법률에 특별한 규정 또는 설정행위에 다른 **약정**이 있으면 그러하지 아니하다.

⊙ 부합물(유류저장탱크 등)은 저당권설정 당시에 **이미 부합되어 있었던 것**이든 **그 후에 부합된 것**이든 모두 저당권의 효력이 미친다.

⊙ 저당권의 목적인 건물에 증축되어 독립적 효용이 없는 부분에도 저당권의 효력이 미친다.

⊙ 건물에 대한 저당권의 효력은 그 건물의 소유를 목적으로 하는 **지상권 또는 임차권**에도 미친다. 마찬가지로 구분건물의 전유부분에 설정된 저당권의 효력은 특별한 사정이 없는 한 그 **대지사용권**에까지 미친다.

⊙ 제358조는 **임의규정**이다. 즉 저당권의 효력이 부합물이나 종물에 미치지 않도록 하는 당사자의 약정은 유효하다.

② 과실에 대한 효력

> **제359조(과실에 대한 효력)** 저당권의 효력은 저당부동산에 대한 **압류가 있은 후**에 저당권설정자가 그 부동산으로부터 수취한 과실 또는 수취할 수 있는 과실에 미친다.

저당부동산의 과실에는 **원칙**적으로 저당권의 효력이 미치지 않는다. 그러나 저당부동산에 대한 **압류가 있은 후**에는 과실(차임채권)에 그 효력이 미친다.

(4) 일괄경매청구권

> **제365조(저당지상의 건물에 대한 경매청구권)** 토지를 목적으로 **저당권**을 설정한 **후** 그 설정자가 그 토지에 **건물을 축조**한 때에는 저당권자는 토지와 함께 그 건물에 대하여도 경매를 청구할 수 있다. 그러나 그 **건물의 경매대가**에 대하여는 우선변제를 받을 권리가 없다.

1) 요 건

① 저당권 설정 당시에 건물이 없었을 것

토지에 대한 저당권이 설정된 후에 건물이 신축된 것이어야 한다. 즉 법정지상권이 성립하지 않은 경우에 일괄경매청구권이 인정된다.

② 경매청구 당시 저당권설정자가 소유하고 있는 건물일 것

 ㉠ 건물은 경매청구 당시 **저당권설정자**가 축조하여 **소유**하고 있는 건물이어야 한다. 따라서 토지에 대한 저당권설정자가 그 토지상에 건물을 축조하여 등기를 한 후 **제3자**에게 그 건물을 양도한 때에는 일괄경매청구를 할 수 없다.

 ㉡ 저당권설정자로부터 저당토지에 대한 용익권을 설정 받은 자가 그 토지에 건물을 축조한 경우라도 그 후 **저당권설정자**가 그 건물의 **소유권을 취득**한 경우에는 저당권자는 토지와 함께 그 건물에 대하여 경매를 청구할 수 있다.

2) 효 과

① 토지저당권자는 토지와 함께 그 건물에 대하여도 경매를 청구할 수 있다. 그러나 그 **건물의 경매대가**에 대하여는 우선변제를 받을 수 없다.

② 일괄경매를 청구할 것인가 아니면 토지만을 경매할 것인가는 토지저당권자의 **선택사항**이지 의무사항은 아니다.

(5) 물권적 청구권

저당권의 침해가 있는 경우 저당권자는 그 방해제거나 방해의 예방을 청구할 수 있다. 다만 **반환청구권**은 인정(준용)되지 않는다.

2. 저당권과 용익관계

① 용익권이 저당권의 실행에 의하여 소멸하는지 여부는 경매를 신청한 저당권을 기준으로 결정하지 않고, 그 부동산 위의 **최선순위의 저당권(말소기준권리)**과의 우열에 의하여 결정된다.

② 다만 **분묘기지권**, **유**치권, **법**정지상권은 말소기준권리보다 후순위인 경우에도 매수인이 항상 인수한다.

③ 예컨대 1번 저당권, 전세권(지상권 또는 대항력 있는 임차권 등), 2번 저당권, 유치권이 차례로 있는 경우, 2번 저당권에 의한 경매가 행하여지면 유치권을 제외한 모든 권리는 매각으로 인하여 소멸한다. 즉, 1번 저당권이 소멸하므로 전세권도 소멸하고 전세권자는 매수인에 대하여 대항할 수 없다.

3. 근저당

> **제357조(근저당)** ① 저당권은 그 담보할 채무의 **최고액**만을 정하고 채무의 확정을 장래에 보류하여 이를 설정할 수 있다.
> ② 전항의 경우에는 채무의 **이자**는 최고액 중에 산입한 것으로 본다.

(1) 피담보채권의 범위

① 근저당권은 채권최고액의 범위 안에서 설정계약에서 정하여진 피담보채권을 담보한다. 지연배상은 1년분을 초과하더라도 최고액의 범위 내이기만 하면 모두 근저당권에 의하여 담보된다.

② 채권최고액은 **우선변제를 받을 수 있는 한도액**을 의미할 뿐 책임의 한도액을 의미하는 것은 아니다.

③ 확정된 피담보채권액이 채권최고액을 초과하는 경우, 채무자가 근저당의 말소를 구하기 위해서는 **채무 전액을 변제**하여야 하지만, 물상보증인이나 제3취득자는 **채권최고액만 변제**하고 근저당의 말소를 청구할 수 있다.

(2) 피담보채권의 확정

① 근저당권의 피담보채권은 설정계약에서 정한 결산기의 도래, 존속기간의 만료, 저당부동산에 대한 경매신청 등으로 확정된다.

② 경매신청과 피담보채권의 확정

    ㉠ **근저당권자**가 경매를 신청한 때에는 **그 경매신청시**에 피담보채권이 확정된다.

    ㉡ **후순위저당권자**가 경매를 신청하는 경우 선순위근저당권자의 피담보채권은 **매수인이 매각대금을 완납한 때**에 확정된다.

계약법

01 계약의 종류

(1) 쌍무계약과 편무계약

① 매매·교환·임대차계약은 **불**요식·**낙**성·**쌍**무·**유**상계약이다.

② 매매, 교환, 임대차, 도급계약 등은 쌍무계약이다.

③ 증여, 사용대차 등은 편무계약이다.

④ 원칙적으로 **쌍**무계약에 한하여 **동**시이행의 항변권과 **위**험부담이 문제된다.

(2) 유상계약과 무상계약

① 모든 쌍무계약이 유상계약이다. 반면 현상광고 계약은 유상·편무계약이므로 모든 유상계약이 쌍무계약이 되는 것은 아니다.

② 증여, 사용대차 등이 무상계약이다.

③ 유상계약에 대해서는 매매에 관한 규정이 적용된다.

(3) 낙성계약과 요물계약

매매·교환·임대차·증여 등 대부분의 계약은 낙성계약이다. 반면 계약금 계약 등은 요물계약이다.

02　계약의 성립

1. 청약과 승낙에 의한 성립

(1) 청 약

1) 청약의 성질

① 청약은 구체적·확정적 의사표시이어야 한다.

② 청약은 상대방 있는 의사표시이지만 그 상대방은 **불특정 다수인**에 대한 것이라도 유효하다(자동판매기의 설치 등).

③ **청약의 유인**

청약의 유인이란 계약체결의사를 표시하여 타인으로 하여금 자기에게 청약을 하게 하려는 행위를 말한다(구인광고 등).

2) 청약의 효력발생시기

① 청약도 의사표시이므로 상대방에게 도달한 때부터 그 효력이 발생한다.

② 청약자가 그 통지를 발송한 후 사망하거나 제한능력자가 되어도 청약의 효력에는 영향을 미치지 아니한다(제111조 제2항).

3) 청약의 구속력

> 제527조(계약의 청약의 구속력) 계약의 청약은 이를 철회하지 못한다.

(2) 승 낙

1) 의 의

① 승낙의 상대방

승낙은 청약과는 달리 **불특정다수인**에 대한 승낙은 있을 수 없다.

② 변경을 가한 승낙

> 제534조(변경을 가한 승낙) 승낙자가 청약에 대하여 조건을 붙이거나 변경을 가하여 승낙한 때에는 그 청약의 거절과 동시에 새로 청약한 것으로 본다.

③ 청약의 상대방은 청약을 받아들일 것인지 여부에 관하여 **회답할 의무**가 있는 것은 아니므로, 청약자가 "미리 정한 기간 내에 이의를 하지 아니하면 승낙한 것으로 간주한다"는 뜻을 청약시 표시하였다고 하더라도 이는 상대방을 **구속하지 아니한다.**

2) 계약의 성립시기

① 대화자 간의 승낙

도달주의 원칙에 따라 승낙이 청약자에게 도달한 때에 계약이 성립한다.

② 격지자 간의 승낙

> **제531조(격지자 간의 계약성립시기)** 격지자 간의 계약은 승낙의 통지를 발송한 때에 성립한다.

3) 연착된 승낙

> **제528조(승낙기간을 정한 계약의 청약)** ① 승낙의 기간을 정한 계약의 청약은 청약자가 그 기간 내에 승낙의 통지를 받지 못한 때에는 그 효력을 잃는다.
> ② 승낙의 통지가 전항의 기간 후에 도달한 경우에 보통 그 기간 내에 도달할 수 있는 발송인 때에는 청약자는 지체 없이 상대방에게 그 **연착의 통지**를 하여야 한다.
> ③ 청약자가 **전항의 통지를 하지 아니한 때에**는 승낙의 통지는 연착되지 아니한 것으로 본다.
> **제530조(연착된 승낙의 효력)** 연착된 승낙은 청약자가 이를 **새 청약**으로 볼 수 있다.

2. 기타 방법에 의한 계약의 성립

> **제532조(의사실현에 의한 계약성립)** 청약자의 의사표시나 관습에 의하여 승낙의 통지가 필요하지 아니한 경우에는 계약은 승낙의 의사표시로 인정되는 **사실이 있는 때**에 성립한다.
> **제533조(교차청약)** 당사자 간에 동일한 내용의 청약이 상호교차된 경우에는 양청약이 상대방에게 **도달한 때**에 계약이 성립한다.

---

03 | 계약 목적의 불능

1. 계약체결상의 과실책임

> **제535조(계약체결상의 과실)** ① 목적이 불능한 계약을 체결할 때에 **그 불능을 알았거나 알 수 있었을 자**는 상대방이 그 **계약의 유효를 믿었음으로 인하여 받은 손해**를 배상하여야 한다. 그러나 그 배상액은 **계약이 유효함으로 인하여 생길 이익액**을 넘지 못한다.
> ② 전항의 규정은 **상대방이 그 불능을 알았거나 알 수 있었을 경우**에는 적용하지 아니한다.

① 체결된 계약내용이 **원시적 · 전부 불능**으로 무효이어야 계약체결상의 과실책임이 인정된다.

② 원시적 불능이더라도 매매와 같은 유상계약이 **일부불능**인 경우에는 제535조는 문제되지 않는다. 즉 수량지정매매계약에 있어서 실제면적이 계약면적에 미달하는 경우에는 **대금감액청구권**을 행사함은 별론으로 하고, 그 매매계약이 그 미달 부분만큼 무효임을 들어 일반 **부당이득반환청구**를 하거나 그 부분의 원시적 불능을 이유로 민법 제535조가 규정하는 **계약체결상의 과실책임**의 이행을 구할 수 없다.

③ 상대방이 선의 · 무과실이어야 계약체결상의 과실책임이 인정된다.

④ 계약이 **성립하지 아니한** 경우 그로 인하여 손해를 입은 당사자는 상대방에게 민법 제535조를 유추적용하여 **계약체결상의 과실**로 인한 손해배상청구를 할 수는 없고 **불법행위**로 인한 손해배상청구를 할 수 있다.

2. 위험부담

> **제537조(채무자위험부담주의)** 쌍무계약의 당사자 일방의 채무가 **당사자 쌍방의 책임 없는 사유**로 이행할 수 없게 된 때에는 채무자는 상대방의 이행을 청구하지 못한다.
> **제538조(채권자귀책사유로 인한 이행불능)** ① 쌍무계약의 당사자 일방의 채무가 **채권자의 책임 있는 사유**로 이행할 수 없게 된 때에는 채무자는 상대방의 이행을 청구할 수 있다. **채권자의 수령지체 중에 당사자 쌍방의 책임 없는 사유**로 이행할 수 없게 된 때에도 같다.
> ② 전항의 경우에 채무자는 **자기의 채무를 면함으로써 이익**을 얻은 때에는 이를 채권자에게 상환하여야 한다.

(1) 사 례

甲은 자기소유의 주택을 乙에게 매도하는 계약을 체결하였는데, 그 주택의 점유와 등기가 乙에게 이전되기 전에 멸실되었다.

(2) 사안의 법률관계

1) 甲의 과실로 주택이 전소된 경우

乙은 계약을 해제하고 손해배상을 청구할 수 있다.

2) 주택이 태풍으로 멸실된 경우

甲은 乙에게 대금지급을 청구할 수 없다. 그리고 甲이 乙에게 이미 받은 **계약금, 중도금 등**이 있다면 乙에게 반환하여야 한다.

3) 만약 매매목적토지가 공용수용되어 이행불능이 된 경우

　① 乙은 자신의 **반대급부를 이행하여야** 甲에게 대상청구권의 행사로써 甲이 지급받은 **수용보상금의 반환**을 구하거나 또는 甲이 취득한 **수용보상금청구권의 양도**를 구할 수 있다.

　② 한편 공용수용은 甲에게 귀책사유가 없으므로 乙은 **해제**와 **손해배상청구(전보배상청구)**를 할 수 없다.

4) 乙의 과실로 주택이 전소된 경우

甲은 乙에게 대금지급을 청구할 수 있다. 다만 甲은 자기의 채무를 면함으로써 이익을 얻은 때에는 이를 乙에게 상환하여야 한다.

5) 채권자의 수령지체

乙의 수령지체 중 태풍으로 멸실된 경우 甲은 乙에게 대금지급을 청구할 수 있다. 다만 甲은 자기의 채무를 면함으로써 이익을 얻은 때에는 이를 乙에게 상환하여야 한다.

04 쌍무계약의 효력

1. 동시이행의 항변권

> **제536조(동시이행의 항변권)** ① 쌍무계약의 당사자 일방은 **상대방이 그 채무이행을 제공할 때까지** 자기의 채무이행을 거절할 수 있다. 그러나 상대방의 채무가 변제기에 있지 아니하는 때에는 그러하지 아니하다.
> ② 당사자 일방이 상대방에게 먼저 이행하여야 할 경우에 **상대방의 이행이 곤란할 현저한 사유가 있는 때**에는 전항 본문과 같다.

(1) 동시이행관계

① 동시이행관계에 있는 어느 일방의 **채권양도** 등으로 당사자가 변경되는 경우라도 채무가 동일성을 유지하는 한 동시이행의 항변권은 존속한다.

② 동시이행관계에 있는 쌍방의 채무 중 어느 한 채무가 **이행불능**이 됨으로 인하여 발생한 손해배상채무도 여전히 다른 채무와 동시이행의 관계에 있다.

③ 선이행의무자가 이행을 지체하는 동안에 상대방의 채무의 변제기가 도래한 경우, 특별한 사정이 없는 한 쌍방의 의무는 동시이행관계가 된다.

④ 일방당사자가 선이행의무를 부담하더라도 상대방의 채무이행이 곤란할 현저한 사유가 있는 경우에는 동시이행항변권을 행사할 수 있다.

(2) 동시이행관계에 있는 경우

① 계약이 **무효** 또는 **취소** 또는 **해제**된 경우에 각 당사자의 원상회복의무

② **구분소유적 공유관계가 해소**되는 경우 쌍방의 지분이전등기의무

③ 전세권 종료시 (전세권설정자의 전세금반환의무)와 (전세권자의 전세목적물 인도 및 전세권설정등기 말소의무)

④ 임대차 종료시 (임차인의 목적물반환의무)와 (임대인의 보증금반환의무)

(3) 동시이행관계가 부정되는 경우

① (채무자의 저당채무변제)와 (저당권등기말소의무)

② 특정채무의 담보를 위하여 가등기 또는 소유권이전등기를 경료한 경우, (피담보채무변제)와 (가등기 또는 소유권이전등기말소의무)

③ (매도인의 토지거래허가 신청절차에 협력할 의무)와 (매수인의 매매대금지급의무)

④ 임대차계약 종료에 따른 (임차인의 임차목적물반환의무)와 (임대인의 권리금 회수 방해로 인한 손해배상의무)

⑤ (임차권등기명령에 의한 임차권등기말소의무)와 (임대인의 보증금반환의무)

⑥ 근저당권 실행을 위한 경매가 무효가 된 경우 (매수인의 채무자에 대한 소유권이전등기말소의무)와 (근저당권자의 매수인에 대한 배당금 반환의무)

2. 제3자를 위한 계약

> **제539조(제3자를 위한 계약)** ① 계약에 의하여 당사자 일방이 제3자에게 이행할 것을 약정한 때에는 그 제3자는 채무자에게 직접 그 이행을 청구할 수 있다.
> ② 전항의 경우에 제3자의 권리는 그 제3자가 채무자에 대하여 **계약의 이익을 받을 의사를 표시**한 때(계약성립시에 소급 X)에 생긴다.
> **제540조(채무자의 제3자에 대한 최고권)** 전조의 경우에 채무자는 상당한 기간을 정하여 계약의 **이익의 향수 여부의 확답을** 제3자에게 **최고**할 수 있다. 채무자가 그 기간 내에 확답을 받지 못한 때에는 제3자가 계약의 이익을 받을 것을 **거절**한 것으로 본다.
> **제541조(제3자의 권리의 확정)** 제539조의 규정에 의하여 제3자의 권리가 생긴 후에는 당사자는 이를 **변경 또는 소멸시키지 못한다.**
> **제542조(채무자의 항변권)** 채무자는 **제539조의 계약에 기한 항변으로** 그 계약의 이익을 받을 제3자에게 대항할 수 있다.

(1) 계약당사자의 지위

① 낙약자는 **제3자를 위한 계약에서 발생하는 항변사유(계약의 무효 · 취소, 동시이행의 항변 등)로** 수익자에게 대항할 수 있다. 따라서 요약자가 낙약자에게 계약에 따른 이행을 하지 않으면, 낙약자는 특별한 사정이 없는 한 수익자에게 의무이행을 거절할 수 있다.

② 반면 낙약자는 **요약자와 수익자 사이의 법률관계에 기한 항변으로** 수익자에게 대항하지 못한다.

③ 낙약자의 채무불이행이 있으면, 요약자는 **수익자의 동의 없이** 계약을 해제할 수 있다.

(2) 제3자의 지위

① 제3자는 계약의 당사자가 아니므로 **해제권, 취소권**이 없다.

② 제3자를 위한 계약에 있어서 수익의 의사표시를 한 수익자는 낙약자에게 직접 그 **이행을 청구**할 수 있고, 요약자가 계약을 해제한 경우에는 낙약자에게 자기가 입은 **손해배상을 청구**할 수 있다.

③ 계약이 해제(또는 무효)된 경우 특별한 사정이 없는 한 낙약자가 이미 제3자에게 급부한 것이 있더라도 **제3자에게** 반환청구할 수 없다.

---

05 계약의 해제와 해지

1. 계약의 해제일반

(1) 해제의 의의

계약이 체결되어 일단 **유효**하게 성립하고 있는 계약의 효력을 당사자 일방의 의사표시로 **소급**적으로 소멸시키는 것을 계약의 해제라고 한다.

(2) 해제와 구별되는 제도

1) 약정해제권

예를 들면 토지매매계약을 체결하면서 그 토지에 건축허가가 나오지 않으면 해제한다는 약정을 한 경우, 그 약정사유가 발생한 때 인정되는 해제권을 말한다.

2) 해제계약(합의해제)

① 합의해제의 효력은 당사자 간의 합의내용에 의해 정해지므로 다른 약정이 없는 한 **손해배상의무**가 없으며, 금전을 반환할 때 반환할 금전에 **이자를 가산할 의무**가 없다.

② 다만 합의해제에 있어서도 법정해제의 경우와 같이 이로써 **제3자의 권리**를 해할 수 없다.

③ 매도인이 해제를 주장하며 수령한 대금을 공탁하고 매수인이 이의 없이 수령한 경우, 특별한 사정이 없는 한 합의해제된 것으로 본다.

2. 법정해제권 발생

(1) 법정해제권의 발생원인

1) 이행지체

> **제544조(이행지체와 해제)** 당사자 일방이 그 채무를 이행하지 아니하는 때에는 상대방은 **상당한 기간을 정하여 그 이행을 최고**하고 그 기간 내에 이행하지 아니한 때에는 계약을 해제할 수 있다. 그러나 채무자가 미리 **이행하지 아니할 의사를 표시**한 경우에는 최고를 요하지 아니한다.
>
> **제545조(정기행위와 해제)** 계약의 성질 또는 당사자의 의사표시에 의하여 일정한 시일 또는 일정한 기간 내에 이행하지 아니하면 계약의 목적을 달성할 수 없을 경우에 당사자 일방이 그 시기에 이행하지 아니한 때에는 상대방은 전조의 최고를 하지 아니하고 계약을 해제할 수 있다.

쌍무계약에 있어서 계약당사자의 일방이 채무를 이행하지 아니할 의사를 **명백히 표시**한 경우에는 상대방은 **즉시(최고 없이, 이행기를 기다릴 필요 없이, 자신의 반대채무의 이행제공 없이)** 그 계약을 적법하게 해제할 수 있다.

2) 이행불능

> **제546조(이행불능과 해제)** 채무자의 책임 있는 사유로 이행이 불능하게 된 때에는 채권자는 계약을 해제할 수 있다.

이행불능의 경우 채권자는 **즉시(최고 없이, 이행기를 기다릴 필요 없이, 자신의 반대채무의 이행제공 없이)** 해제할 수 있다. 즉 매도인의 매매계약상의 소유권이전등기의무가 이행불능이 되어 매수인이 이를 이유로 매매계약을 해제하는 경우 동시이행관계에 있는 자신의 급부를 제공할 필요가 없다.

(2) 해제권의 불가분성

> **제547조(해지, 해제권의 불가분성)** ① 당사자의 일방 또는 쌍방이 수인인 경우에는 계약의 해지나 해제는 그 전원으로부터 또는 전원에 대하여 하여야 한다.
> ② 전항의 경우에 해지나 해제의 권리가 당사자 1인에 대하여 소멸한 때에는 다른 당사자에 대하여도 소멸한다.

3. 해제의 효과

> **제548조(해제의 효과, 원상회복의무)** ① 당사자일방이 계약을 해제한 때에는 각 당사자는 그 상대방에 대하여 **원상회복의 의무**가 있다. 그러나 (선의·악의)**제3자의 권리를 해하지 못한다.**
> ② 전항의 경우에 반환할 금전에는 **그 받은 날로부터 이자를 가하여야 한다.**
> **제549조(원상회복의무와 동시이행)** 제536조(동시이행의 항변권)의 규정은 전조의 경우에 준용한다.
> **제551조(해지, 해제와 손해배상)** 계약의 해지 또는 해제는 **손해배상의 청구에 영향을 미치지 아니한다.**

(1) 원상회복의무

① 계약이 해제되면 각 당사자는 원상회복의무를 부담한다.

② 급부받은 물건을 반환할 당사자는 그 물건으로부터 얻은 **과실 및 사용이익**도 함께 반환하여야 한다.

(2) 해제의 소급효

1) 계약의 소급적 실효

계약에 의하여 발생한 채권·채무는 해제로 인하여 소급하여 소멸한다. 이 경우 원인행위인 채권계약이 해제되면 이전하였던 물권은 그 **말소등기 없이도** 당연히 복귀한다.

2) 해제의 소급효와 제3자 보호

① 소급효 제한

계약의 해제는 제3자의 권리를 해하지 못한다(제548조 제1항 단서).

② 제3자의 범위

제3자란 **해제되기 전**의 계약으로부터 생긴 법률효과를 토대로 하여 **새로운 이해관계**를 가졌을 뿐만 아니라 **등기 등으로 완전한 권리**를 갖춘 자를 의미한다(**선의·악의 불문**).

㉠ 보호되는 제3자

ⓐ 해제의 의사표시 이전에 소유권이전등기를 경료받은 매수인과 매매계약을 체결하고 소유권**이전등기**를 한 자

ⓑ 해제된 계약에 의하여 채무자의 책임재산이 된 계약의 **목적물(부동산)**을 가압류한 자

㉡ 보호되지 않는 제3자

ⓐ 해제에 의하여 소멸하는 계약상 **채권**을 양도받은 양수인

ⓑ 해제에 의하여 소멸하는 **채권** 자체를 압류 또는 전부한 채권자

③ 제3자 범위의 확대(선의)

계약해제 이후라도 해제사실을 **모르고** 권리를 취득한 자도 보호된다.

4. 계약의 해지

계약의 해지란 임대차·고용·사용대차 등 계속적 채권관계에 있어서 계약관계의 효력을 **장래에 향하여** 소멸시키는 계약당사자의 일방적 의사표시를 말한다.

Chapter 02

계약법 각론

01 매매

1. 서 설

> **제563조(매매의 의의)** 매매는 당사자 일방이 재산권을 상대방에게 이전할 것을 **약정**하고 상대방이 그 대금을 지급할 것을 **약정**함으로써 그 효력이 생긴다.
>
> **제567조(유상계약에의 준용)** 매매에 관한 규정은 **매매 이외의 유상계약**에 준용한다.
>
> **제566조(매매계약의 비용의 부담)** 매매계약에 관한 비용은 당사자 쌍방이 균분하여 부담한다.
>
> **제585조(동일기한의 추정)** 매매의 당사자 일방에 대한 의무이행의 기한이 있는 때에는 상대방의 의무이행에 대하여도 **동일한 기한**이 있는 것으로 추정한다.
>
> **제586조(대금지급장소)** 매매의 목적물의 인도와 동시에 대금을 지급할 경우에는 **그 인도장소**에서 이를 지급하여야 한다.

2. 매매의 예약

> **제564조(매매의 일방예약)** ① 매매의 일방예약은 상대방이 **매매를 완결할 의사를 표시하는 때**에 매매의 효력이 생긴다.

(1) 매매예약의 의의

매매의 예약을 한 경우에는 당사자가 달리 약정하지 않는 한 **일방예약**을 한 것으로 추정한다. 매매의 일방예약은 예약의 일방 당사자만이 예약완결권을 가지며, 예약완결권은 **형성권**이므로 예약완결권을 행사하면 당사자의 승낙이 없어도 매매의 효력이 발생한다.

(2) 예약완결권의 존속기간

① 매매의 일방예약에서 예약자의 상대방이 매매예약 완결의 의사표시를 하여 매매의 효력을 생기게 하는 권리, 즉 매매예약의 완결권은 일종의 **형성권**으로서 ㉠ 당사자 사이에 그 행사기간을 약정한 때에는 **그 기간 내**에, ㉡ 그러한 약정이 없는 때에는 **그 예약이 성립한 때**로부터 **10년 내**에 이를 행사하여야 하고, 그 기간이 지난 때에는 예약완결권은 제척기간의 경과로 소멸한다.

② 형성권의 행사기간인 **제척기간**은 법원의 **직권조사사항**이므로, 매매예약완결권의 제척기간이 도과하였는지 여부는 **당사자의 주장이 없더라도** 법원은 당연히 조사하여 고려하여야 한다.

3. 계약금

> **제565조(해약금)** ① 매매의 당사자 일방이 계약당시에 금전 기타 물건을 계약금, 보증금 등의 명목으로 상대방에게 교부한 때에는 당사자 간에 다른 약정이 없는 한 **당사자의 일방이 이행에 착수할 때까지** 교부자는 이를 포기하고 수령자는 그 배액을 상환하여 매매계약을 해제할 수 있다.
> ② **제551조(해제, 해지와 손해배상)의 규정**은 전항의 경우에 이를 적용하지 아니한다.

(1) 계약금 계약의 의의

① 요물계약

㉠ 계약금계약은 금전 기타 유가물의 교부를 요건으로 하는 **요물계약**이다. 따라서 **계약금의 전부를 지급하지 아니하는 한** 계약금계약은 성립하지 아니하므로 당사자가 임의로 **주계약**을 **해제**할 수는 없다.

㉡ 계약금 일부만 지급된 경우 수령자가 매매계약을 해제할 수 있다고 하더라도 해약금의 기준이 되는 금원은 **실제 교부받은 계약금**이 아니라 **약정 계약금**이라고 봄이 타당하므로, 매도인이 계약금의 일부로서 지급받은 금원의 배액을 상환하는 것으로는 매매계약을 해제할 수 없다.

② 계약금계약은 매매 기타의 계약에 부수하여 행해지는 **종된 계약**이다.

(2) 계약금의 성질

1) 해약금

① 의 의

계약금은 해약금으로 추정되므로(제565조 제1항), 계약금은 별도의 특약이 없어도 해약금의 성질을 갖는다. 반면 계약금은 **별도의 특약이 없는 한** 위약금의 성질을 갖는 것은 아니다.

② 행사기간

㉠ 해약금에 의한 해제는 당사자 **일방이 이행에 착수할 때까지** 할 수 있다.

㉡ 따라서 비록 상대방인 매도인이 매매계약의 이행에는 전혀 착수한 바가 없다 하더라도 매수인이 **중도금을 지급**하여 이미 이행에 착수한 이상 매수인은 민법 제565조에 의하여 계약금을 포기하고 매매계약을 해제할 수 없다.

㉢ 이행기의 약정이 있다 하더라도 특별한 사정이 없는 한 그 **이행기 전**에 이행에 착수할 수 있다.

㉣ 매도인이 매수인에 대하여 매매잔대금의 지급을 구하는 **소송을 제기**한 것만으로는 이행에 착수하였다고 볼 수 없다.

㉤ 토지거래허가구역에서 관할관청으로부터 토지거래**허가**를 받았다 하더라도 이행의 착수가 있다고 볼 수 없다.

③ 행사방법

㉠ 민법 제565조는 임의규정이므로, 만일 당사자가 **위 조항의 해약권을 배제하기로 하는 약정**을 하였다면 더 이상 그 해제권을 행사할 수 없다.

㉡ 계약금의 교부자는 **계약금을 포기**하고 계약을 해제할 수 있다.

㉢ 계약금의 수령자는 계약해제의 의사표시 외에 계약금 **배액을 제공**하여야 한다. 그러나 상대방이 이를 수령하지 않는다고 하여 이를 **공탁**할 필요는 없다.

④ 해약금 해제의 효과

㉠ 해약금에 의한 해제는 당사자 일방이 이행에 착수하기 전에만 할 수 있으므로 **원상회복의무**는 발생하지 않는다.

㉡ 해약금에 의한 해제는 채무불이행에 의한 해제가 아니므로 **손해배상의무**는 발생하지 않는다.

2) 위약금

① 계약금 교부시 **매수인이 채무불이행한 경우에는 계약금을 몰수당하고, 매도인이 채무불이행한 경우에는 그 배액을 상환할 것을 약정한 경우**, 계약금은 **위약금의 성질**을 가진다. 이처럼 위약금 특약을 한 경우에는 **손해배상예정액으로 추정**한다.

② 반면 위약금 약정을 하지 않으면 계약금은 위약금의 성질을 갖지 않는다.

4. 매도인의 담보책임

(1) 의 의

유효한 매매계약에서 매수인이 취득하는 권리 또는 물건에 하자가 있다면 매도인은 매수인에게 책임을 져야 하는데 이를 매도인의 담보책임이라고 한다.

(2) 법적 성질

당사자 사이에 담보책임을 면제·경감하는 특약은 **유효**하다(**임의규정**). 다만 매도인이 **알고도** 고지하지 아니한 사실에 대하여는 책임을 면하지 못한다(제584조).

(3) 담보책임의 내용

> **※ 담보책임 핵심사항**
>
> **1. 권리의 하자**
> (1) 매수인이 "악의"인 경우에도 담보책임이 인정되는 경우(선·악 불문)
>   ① **전**부 타인 권리 : **해제권**
>   ② **일**부 타인 권리 : 대금**감**액청구권
>   ③ 저당권·전세권 **실**행(행사) : **손해배상청구권, 해제권**
>   ④ 수량부족 일부멸실
>   ⑤ 제한물권이 있는 경우
> (2) 행사기간 : 1년
>   ① **선의** : '**안 날**'로부터 1년
>   ② **악의** : **계약일**로부터 1년
>
> **2. 물건의 하자(하자담보책임)**
> ① 매수인은 **선의·무과실**이어야 행사 가능
> ② 제척기간 : '**안 날**'로부터 **6개월**
> ③ **경매**로 인한 담보책임규정은 적용되지 않는다.
> ④ 법률적 장애 내지 제한 : 목적물 하자

1) 권리의 하자에 대한 담보책임

　① 권리의 전부가 타인에게 속하는 경우

> **제569조(타인의 권리의 매매)** 매매의 목적이 된 권리가 타인에게 속한 경우에는 매도인은 그 권리를 취득하여 매수인에게 이전하여야 한다.
> **제570조(동전-매도인의 담보책임)** 전조의 경우에 매도인이 그 권리를 취득하여 매수인에게 이전할 수 없는 때에는 매수인은 계약을 해제할 수 있다. 그러나 매수인이 계약당시 그 권리가 매도인에게 속하지 아니함을 안 때에는 손해배상을 청구하지 못한다.

　② 권리의 일부가 타인에게 속하는 경우

> **제572조(권리의 일부가 타인에게 속한 경우와 매도인의 담보책임)** ① 매매의 목적이 된 권리의 일부가 타인에게 속함으로 인하여 매도인이 그 권리를 취득하여 매수인에게 이전할 수 없는 때에는 매수인은 그 부분의 비율로 대금의 감액을 청구할 수 있다.
> ② 전항의 경우에 잔존한 부분만이면 매수인이 이를 매수하지 아니하였을 때에는 선의의 매수인은 계약전부를 해제할 수 있다.
> ③ 선의의 매수인은 감액청구 또는 계약해제 외에 손해배상을 청구할 수 있다.

　③ 수량부족 또는 일부멸실

> **제574조(수량부족, 일부멸실의 경우와 매도인의 담보책임)** 전2조의 규정은 수량을 지정한 매매의 목적물이 부족되는 경우와 매매목적물의 일부가 계약당시에 이미 멸실된 경우에 매수인이 그 부족 또는 멸실을 알지 못한 때에 준용한다.

　④ 제한물권이 있는 경우

> **제575조(제한물권 있는 경우와 매도인의 담보책임)** ① 매매의 목적물이 지상권, 지역권, 전세권, 질권 또는 유치권의 목적이 된 경우에 매수인이 이를 알지 못한 때에는 이로 인하여 계약의 목적을 달성할 수 없는 경우에 한하여 매수인은 계약을 해제할 수 있다. 기타의 경우에는 손해배상만을 청구할 수 있다.

　⑤ 저당권·전세권의 행사(실행)의 경우

> **제576조(저당권, 전세권의 행사와 매도인의 담보책임)** ① 매매의 목적이 된 부동산에 설정된 저당권 또는 전세권의 행사로 인하여 매수인이 그 소유권을 취득할 수 없거나 취득한 소유권을 잃은 때에는 매수인은 계약을 해제할 수 있다.
> ② 전항의 경우에 매수인의 출재로 그 소유권을 보존한 때에는 매도인에 대하여 그 상환을 청구할 수 있다.
> ③ 전2항의 경우에 매수인이 손해를 받은 때에는 그 배상을 청구할 수 있다.

매수인은 **선의·악의 불문**하고 계약해제, 출재상환청구, 손해배상을 청구할 수 있다.

2) 물건의 하자에 대한 담보책임(하자담보책임)

> **제580조(매도인의 하자담보책임)** ① 매매의 목적물에 하자가 있는 때에는 제575조제1항의 규정을 준용한다. 그러나 매수인이 하자 있는 것을 알았거나 과실로 인하여 이를 알지 못한 때에는 그러하지 아니하다.
> ② 전항의 규정은 경매의 경우에 적용하지 아니한다.
> **제581조(종류매매와 매도인의 담보책임)** ① 매매의 목적물을 종류로 지정한 경우에도 그 후 특정된 목적물에 하자가 있는 때에는 전조의 규정을 준용한다.
> ② 전항의 경우에 매수인은 계약의 해제 또는 손해배상의 청구를 하지 아니하고 **하자 없는 물건을 청구**할 수 있다.
> **제582조(전2조의 권리행사기간)** 전2조에 의한 권리는 매수인이 그 사실을 **안 날**로부터 **6월**내에 행사하여야 한다.

① 특정물매매의 경우(제580조)

    ㉠ 매매의 목적물에 하자가 있는 경우, 그로 인하여 계약의 목적을 달성할 수 없는 경우에 한하여 선의·무과실의 매수인은 매매계약을 해제하고 손해배상을 청구할 수 있다. 반면 하자로 인하여 계약의 목적을 달성할 수 있는 경우라면 선의·무과실의 매수인은 손해배상만을 청구할 수 있다.

    ㉡ 건축을 목적으로 매매된 토지에 대하여 건축허가를 받을 수 없어 건축이 불가능한 경우, 위와 같은 **법률적 제한 내지 장애** 역시 매매**목적물의 하자**에 해당한다.

    ㉢ 특정물의 경우에 하자의 존부는 **매매계약 성립시**를 기준으로 판단한다.

② 종류매매(불특정물매매)의 경우(제581조)

    ㉠ 종류매매(불특정물매매)의 경우에도 특정물매매의 경우와 내용이 동일하다.

    ㉡ 다만 불특정물매매의 경우 매수인은 계약의 해제나 손해배상을 청구하지 않고 **하자 없는 물건을 청구**(완전물급부청구권)할 수도 있다.

5. 환 매

> **제590조(환매의 의의)** ① 매도인이 **매매계약과 동시에** 환매할 권리를 보류한 때에는 그 영수한 대금 및 매수인이 부담한 매매비용을 반환하고 그 목적물을 환매할 수 있다.
> ② 전항의 환매대금에 관하여 특별한 약정이 있으면 그 약정에 의한다.
> **제591조(환매기간)** ① 환매기간은 부동산은 **5년**, 동산은 **3년**을 넘지 못한다. 약정기간이 이를 넘는 때에는 부동산은 5년, 동산은 3년으로 단축한다.
> ② 환매기간을 정한 때에는 다시 이를 **연장하지 못한다.**
> ③ 환매기간을 정하지 아니한 때에는 그 기간은 부동산은 5년, 동산은 3년으로 한다.
> **제592조(환매등기)** 매매의 목적물이 부동산인 경우에 **매매등기와 동시에** 환매권의 보류를 등기한 때에는 제3자에 대하여 그 효력이 있다.

환매특약의 등기 이후 매수인이 제3자에게 목적물을 매도한 경우, 그 매수인은 부동산을 전득한 제3자에 대하여 **환매특약의 등기사실만으로** 제3자의 소유권이전등기청구를 거절할 수 없다.

---

02 | 교 환

> **제596조(교환의 의의)** 교환은 당사자 쌍방이 금전 이외의 재산권을 상호 이전할 것을 **약정**함으로써 그 효력이 생긴다.

교환은 매매계약과 그 성질이 동일하지만 그 목적물이 금전 이외의 재산권이라는 점이 서로 다르다.

---

03 | 민법상의 임대차

1. 임대차의 의의와 법적성질

(1) 의 의

> **제618조(임대차의 의의)** 임대차는 당사자 일방이 상대방에게 목적물을 사용·수익하게 할 것을 **약정**하고 상대방이 이에 대하여 **차임을 지급**할 것을 **약정**함으로써 그 효력이 생긴다.

(2) 부동산임차권의 대항력

> **제621조(임대차의 등기)** ① 부동산 임차인은 당사자 간에 반대약정이 없으면 임대인에 대하여 그 임대차등기절차에 협력할 것을 청구할 수 있다.
> ② 부동산임대차를 **등기**한 때에는 그 때부터 제3자에 대하여 효력이 생긴다.
> **제622조(건물등기 있는 차지권의 대항력)** ① 건물의 소유를 목적으로 한 토지임대차는 이를 등기하지 아니한 경우에도 임차인이 그 **지상건물**을 **등기**한 때에는 제3자에 대하여 (토지)임대차의 효력이 생긴다.

2. 임대차의 존속기간

(1) 존속기간을 약정한 경우

민법상 임대차 존속기간은 최장기나 최단기의 제한이 없으므로 원칙적으로 당사자의 합의에 의한다.

(2) 존속기간의 약정이 없는 경우

> **제635조(기간의 약정 없는 임대차의 해지통고)** ① 임대차기간의 약정이 없는 때에는 당사자는 언제든지 계약해지의 통고를 할 수 있다.
> ② 상대방이 전항의 통고를 받은 날로부터 다음 각 호의 기간이 경과하면 해지의 효력이 생긴다.
> 1. 토지, 건물 기타 공작물에 대하여는 **임대인**이 해지를 통고한 경우에는 **6월**, **임차인**이 해지를 통고한 경우에는 **1월**
> 2. 동산에 대하여는 5일

3. 임대차의 효력

(1) 임대인의 권리와 의무

1) 임대인의 권리

임대인은 임차인에게 차임지급을 청구할 수 있다.

2) 임대인의 의무

> **제623조(임대인의 의무)** 임대인은 목적물을 임차인에게 인도하고 계약존속 중 그 사용, 수익에 필요한 상태를 유지하게 할 의무를 부담한다.

(2) 임차인의 권리와 의무

1) 임차인의 권리

① 비용상환청구권

> **제626조(임차인의 상환청구권)** ① 임차인이 임차물의 보존에 관한 **필요비**를 지출한 때에는 임대인에 대하여 그 상환을 청구할 수 있다.
> ② 임차인이 **유익비**를 지출한 경우에는 임대인은 **임대차 종료시에 그 가액의 증가가 현존한 때에 한하여** 임차인의 지출한 금액이나 그 증가액을 상환하여야 한다. 이 경우에 법원은 임대인의 청구에 의하여 상당한 상환기간을 **허여**할 수 있다.

㉠ 비용상환청구권은 **임의규정**이므로 당사자가 임차인의 비용상환청구권을 포기하는 특약을 한 경우 이는 임차인에게 불리하더라도 **유효**하다.

㉡ 임차인이 필요비를 지출한 때에는 임대차의 종료와 관계없이 **즉시** 임대인에게 그 상환을 청구할 수 있다.

㉢ 임차인이 유익비를 지출한 경우에는 그 가액의 증가가 현존한 때에 한하여 **임대차 종료시**에 임대인에게 그 상환을 청구할 수 있다.

㉣ 필요비나 유익비는 임대인이 목적물을 반환받은 날로부터 **6개월** 이내에 행사하여야 한다.

② 부속물매수청구권

> **제646조(임차인의 부속물매수청구권)** ① **건물 기타 공작물의 임차인**이 그 사용의 편익을 위하여 **임대인의 동의**를 얻어 이에 부속한 물건이 있는 때에는 임대차의 종료시에 임대인에 대하여 그 부속물의 매수를 청구할 수 있다.
> ② **임대인으로부터 매수**한 부속물에 대하여도 전항과 같다.

㉠ 임차인의 부속물매수청구권에 관한 규정은 **강행규정**이다. 따라서 임차인의 매수청구권을 배제(포기)하는 특약은 **무효**이다.

㉡ 부속물은 **독립된 물건**이어야 한다. 만약 부속된 물건이 건물의 **구성부분**을 이루는 경우에는 부속물매수청구권이 인정되지 않는다.

㉢ 부속물은 건물의 사용에 **객관적인 편익**을 가져오게 하는 물건이어야 하므로, 오로지 **임차인의 특수목적**에 사용하기 위하여 부속된 것일 때에는 부속물매수청구권이 인정되지 않는다.

㉣ 행사요건

  ⓐ 부속물은 **임대인의 동의**를 얻어 부속시킨 것이거나 **임대인으로부터 매수**한 것이어야 한다.

  ⓑ 부속물매수청구는 기간 만료 등으로 임대차가 종료한 경우에 행사할 수 있고, 임차인의 **채무불이행**으로 인한 경우에는 인정되지 않는다.

㉤ 효 과

  ⓐ **일시사용을 위한 임대차**에는 부속물매수청구권이 인정되지 않는다.

  ⓑ 부속물매수청구권이 인정되는 경우에도 **유치권**은 인정되지 않는다.

③ 토지임차인의 지상물매수청구권

> **제643조(임차인의 갱신청구권, 매수청구권)** 건물 기타 공작물의 소유 또는 식목, 채염, 목축을 목적으로 한 **토지임대차의 기간이 만료한 경우**에 건물, 수목 기타 **지상시설이 현존**한 때에는 제283조(지상권자의 갱신청구권, 매수청구권)의 규정을 준용한다.

       ㉠ 임차인의 매수청구권에 관한 규정은 **강행규정**이므로 이 규정에 위반하는 약정으로서 임차인에게 불리한 것은 그 효력이 없다.

      ㉡ 행사요건

        ⓐ 토지임대차 종료시 지상건물이 현존하는 경우에 인정된다.

        ⓑ 임차인의 갱신청구(청구권)에 대하여 임대인이 거절하는 경우에 임차인은 지상물 매수청구권(형성권)을 행사할 수 있다.

        ⓒ 임대차가 차임 지체로 인한 해지 등 **채무불이행**의 경우에는 지상물매수청구권은 인정되지 않는다.

        ⓓ **무허가건물**도 매수청구의 대상이 될 수 있다.

2) 임차인의 의무

> **제640조(차임연체와 해지) 건물 기타 공작물의 임대차**에는 임차인의 차임연체액이 **2기**의 차임액에 달하는 때에는 임대인은 계약을 해지할 수 있다.
> **제641조(동전)** 건물 기타 공작물의 소유 또는 식목, 채염, 목축을 목적으로 한 **토지임대차**의 경우에도 전조의 규정을 준용한다.

4. 임차권의 양도와 전대

> **제629조(임차권의 양도, 전대의 제한)** ① 임차인은 **임대인의 동의 없이** 그 권리를 양도하거나 임차물을 전대하지 못한다.
> ② 임차인이 전항의 규정에 위반한 때에는 임대인은 **계약**을 **해지**할 수 있다.

(1) 임대인의 동의 있는 임차권의 양도

양도인은 임차인으로서의 지위에서 벗어나고 임차권은 동일성을 유지하면서 임차권 양수인에게 이전한다. 다만 **연체차임 등 손해배상채무**는 특약이 없는 한 이전하지 않는다.

(2) 임대인의 동의 있는 임차물의 전대

1) 임대인과 전차인의 관계

> **제630조(전대의 효과)** ① 임차인이 임대인의 동의를 얻어 임차물을 전대한 때에는 전차인은 직접 임대인에 대하여 의무를 부담한다.

임대인의 동의 있는 전대차 계약이 성립하더라도 임대인과 전차인 사이에 직접 임대차관계가 성립하는 것은 아니지만, 민법은 임대인 보호를 위하여 전차인은 직접 임대인에 대하여 의무를 부담한다고 규정한다. 반면 전차인은 직접 임대인에 대하여 권리를 주장하지 못한다.

2) 전차인 보호

① **전차인의 권리의 확정**

임대인과 임차인이 **합의로 계약을 종료**한 때에는 **전차인의 권리**는 소멸하지 않는다(제631조).

② **해지통고의 전차인에 대한 통지**

㉠ 임대차계약이 **해지의 통고**로 인하여 종료된 경우에 그 임대물이 적법하게 전대되었을 때에는 임대인은 **전차인에 대하여 그 사유를 통지하지 아니하면** 해지로써 전차인에게 대항하지 못한다(제638조 제1항).

㉡ 임차인의 차임연체액이 2기의 차임액에 달함에 따라 임대인이 임대차계약을 **해지**하는 경우에는 **전차인에 대하여 그 사유를 통지하지 않더라도** 해지로써 전차인에게 대항할 수 있다.

③ 임대차와 전대차가 모두 종료한 후에 전차인이 임대인에게 목적물을 직접 반환하면 전대인에 대한 목적물반환의무를 면한다.

④ **전차인의 부속물매수청구권**

적법한 건물전차인이 그 사용의 편익을 위하여 **임대인의 동의**를 얻어 이에 부속한 물건이 있는 때에는 전대차의 종료시에 임대인에 대하여 그 부속물의 매수를 청구할 수 있다.

(3) 임대인의 동의 없는 양도·전대

1) 임대인의 동의

임대인의 동의 없는 무단양도나 무단전대는 **유효**하다. 다만 임대인은 임대차계약을 해지할 수 있다

2) 임대인과 임차인의 관계

① 임대인은 임대차계약을 해지할 수 있다. 그러나 해지하지 않는 동안에는 임차인은 종전의 지위를 그대로 유지하므로 임대인은 임차인에 대하여 차임청구권을 가진다.

② 다만 임차인의 무단 양도·전대가 **임대인에 대한 배신행위라고 인정할 수 없는 특별한 사정이 있는 경우**에는 해지권이 제한된다. 즉 임차권의 양수인이 임차인과 부부로서 임차건물에 동거하면서 함께 가구점을 경영하고 있는 등의 사정이 있는 경우에는 임대인은 임대차계약을 해지할 수 없다.

3) 임대인과 양수인(전차인)의 관계

① 양수인(전차인)의 목적물 점유는 임대인에 대하여는 **불법점유**에 해당한다. 따라서 임대인은 양수인(전차인)에 대하여 방해배제를 청구할 수 있다.

② 임대인은 임대차가 존속하는 동안(임대차를 해지하지 않은 경우)에는 임차인에게 차임을 받으므로 양수인(전차인)에게 차임 상당의 **손해배상청구**나 **부당이득반환청구**를 할 수 없다.

MEMO

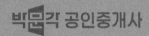
박문각 공인중개사

민사특별법

Chapter 01 주택임대차보호법

01 주택임대차보호법의 적용범위

(1) 물적 범위

① 동법은 주거용 건물의 전부 또는 일부에 대한 임대차에 적용된다. 주거용 건물에 해당하는지 여부는 임대차 목적물의 공부상의 표시만을 기준으로 할 것이 아니라 그 **실제적인 용도**에 따라 정해야 한다.

② 임차주택의 일부가 주거 외의 목적으로 사용되는 경우에도 그 전부에 대하여 동법이 적용된다.

③ 동법은 **채권적 전세**의 경우에도 적용되나, 주거용 건물에 대한 임대차인 경우라도 **일시사용을 위한 임대차**인 경우에는 적용되지 않는다.

(2) 인적 범위

① **자연인**은 동법의 보호대상이다.

② 그러나 **법인**은 보호대상이 아니다. 다만 **한국토지주택공사**와 주택사업을 목적으로 설립된 **지방공사** 및 중소기업기본법 제2조에 따른 **중소기업**에 해당하는 법인의 경우에는 예외적으로 대항력이 인정된다.

02 주택임대차 존속기간

(1) 주택임대차 최단기간 보장과 임대차관계의 존속

1) 최단기간 보장

기간의 정함이 없거나 기간을 2년 미만으로 정한 임대차는 그 기간을 **2년**으로 본다. 다만 **임차인**은 2년 미만으로 정한 기간이 유효함을 주장할 수 있다.

2) 임대차관계의 존속

임대차가 종료한 경우에도 임차인이 보증금을 반환받을 때까지는 임대차관계가 존속하는 것으로 본다.

(2) 묵시적 갱신(법정갱신)

1) 묵시의 갱신의 요건 및 제한

① 요건 : **임대인**이 임대차**기간이 끝나기 6개월 전부터 2개월 전까지**의 기간에 임차인에게 갱신거절의 통지를 하지 아니하거나 계약조건을 변경하지 아니하면 갱신하지 아니한다는 뜻의 통지를 하지 아니한 경우에는 그 기간이 끝난 때에 전 임대차와 동일한 조건으로 다시 임대차한 것으로 본다. **임차인**이 임대차**기간이 끝나기 2개월 전까지** 통지하지 아니한 경우에도 또한 같다.

② 제한 : **2기**의 차임액에 달하도록 차임을 연체하거나 기타 임차인으로서의 의무를 현저히 위반한 임차인에게는 법정갱신이 인정되지 아니한다.

2) 묵시적 갱신의 효과

보증금은 전임대차와 동일한 조건으로, 기간은 **2년**으로 본다. 단, **임차인**은 언제든지 해지를 통고할 수 있고 임대인이 그 통지를 받은 날부터 **3월**이 경과하면 효력이 발생한다.

(3) 계약갱신요구권(제6조의3)

① 임대인은 임차인이 임대차**기간이 끝나기 6개월 전부터 2개월 전까지**의 기간 이내에 계약갱신을 요구할 경우 정당한 사유 없이 거절하지 못한다. 다만, 다음 각 호의 어느 하나에 해당하는 경우에는 그러하지 아니하다.

> 1. 임차인이 **2기**의 차임액에 해당하는 금액에 이르도록 차임을 연체한 사실이 있는 경우
> 2. 임차인이 거짓이나 그 밖의 **부정**한 방법으로 임**차**한 경우
> 3. 서로 **합**의하여 임대인이 임차인에게 상당한 **보상**을 제공한 경우
> 4. 임차인이 임대인의 동의 없이 목적 주택의 전부 또는 **일부**를 **전**대(轉貸)한 경우
> 5. 임차인이 임차한 주택의 전부 또는 **일부**를 고의나 **중**대한 과실로 파손한 경우
> 6. 임차한 주택의 전부 또는 **일부**가 **멸**실되어 임대차의 목적을 달성하지 못할 경우
> 7. 임대인이 다음 각 목의 어느 하나에 해당하는 사유로 목적 주택의 전부 또는 **대부**분을 **철**거하거나 재건축하기 위하여 목적 주택의 점유를 회복할 필요가 있는 경우
>   가. 임대차계약 체결 당시 공사시기 및 소요기간 등을 포함한 철거 또는 재건축 계획을 임차인에게 구체적으로 **고**지하고 그 계획에 따르는 경우
>   나. 건물이 노후·훼손 또는 일부 멸실되는 등 **안**전사고의 우려가 있는 경우
>   다. 다른 법령(**타**법령)에 따라 철거 또는 재건축이 이루어지는 경우
> 8. 임대인(임대인의 직계존속·직계비속을 **포**함한다)이 목적 주택에 **실**제 거주하려는 경우
> 9. 그 밖에 임차인이 임차인으로서의 의무를 현저히 위반하거나 임대차를 계속하기 어려운 중대한 사유가 있는 경우

② 임차인은 계약갱신요구권을 **1회에 한하여** 행사할 수 있다. 이 경우 갱신되는 임대차의 존속기간은 **2년**으로 본다.

③ 갱신되는 임대차는 전 임대차와 동일한 조건으로 다시 계약된 것으로 본다. 다만, 차임과 보증금은 **20분의 1(5%)** 범위에서 증감할 수 있다.

④ 계약갱신요구에 따라 계약이 갱신된 경우, **임차인**은 언제든지 임대인에게 계약해지를 통지할 수 있으며, 임대인이 그 통지를 받은 날부터 **3개월**이 지나면 그 효력이 발생한다.

⑤ 임대인이 제1항 제8호의 사유로 갱신을 거절하였음에도 불구하고 정당한 사유 없이 제3자에게 목적 주택을 임대한 경우, 임대인은 갱신거절로 인하여 임차인이 입은 손해를 배상하여야 한다.

03 임차권등기명령제도

① 임대차가 끝난 후 보증금이 반환되지 아니한 경우 임차인은 임차권등기를 신청할 수 있다.

② 임차권등기가 경료되면 임차인은 대항력과 우선변제권을 취득하며, 이미 대항력과 우선변제권을 확보한 임차인은 그 효력을 유지한다. 또한 임차권등기 이후에는 대항요건을 상실하더라도 이미 취득한 대항력 또는 우선변제권을 상실하지 않는다.

③ 임차권등기명령의 집행에 따른 임차권등기가 끝난 주택을 그 이후에 임차한 임차인에게는 소액보증금에 의한 **최우선변제권**을 인정되지 않는다.

④ 임차권등기를 마친 때에는 (임대인의 임대차보증금의 반환의무)와 (임차인의 임차권등기말소의무)는 동시이행관계가 아니다.

※ 주택임대차보호법에 의한 임차인의 3권리

구 분	의 의	요 건	요건을 갖추어야 할 시기
대항력	임대차 계약 기간 존속 중 매매, 경매 등으로 인하여 소유자 변경시 새로운 소유자에게 임차권을 주장하는 권리 ('나가냐 안 나가냐' 등 문제)	① **주택인도** (점유) ② **주민등록** (전입신고) ⇒ 다음날 0시부터 대항력 발생	① **"매매"** 등으로 소유자 변경시 ⇒ 대항력 발생시기가 **양수인명의 등기일자**보다 빨라야 대항력 인정된다. ② **"경매"**로 소유자 변경시 ⇒ 대항력 발생시기가 **말소기준권리(최선순위 (근)저당권)**보다 빨라야 대항력 인정된다.
보증금 우선 변제권	경락대금 중 **보증금**에 대하여(선순위자가 받고 남은 것이 있을 때) 후순위자보다 우선하여 변제받을 수 있는 권리	① **대항요건** ② **확정일자**	대항요건 확정일자 vs 저당권 2. 20.　2. 20.　＜　2. 20. 2. 20.　2. 15.　＞　2. 21. 2. 20.　2. 25.　＝　2. 25.
소액 보증금 최우선 변제권	경락대금 중 **보증금 중 일정액**에 대하여 다른 담보물권자보다 우선하여 변제받을 수 있는 권리	① **소액보증금에 해당** ② **대항요건**	대항력 발생시기가 **경매신청 "등기 전"**이어야 최우선변제가 인정된다.

사례 1

乙이 경락받은 甲 주택의 권리관계 1. 근저당권 A(4월 1일) 2. 주택임차인 B(주택 인도 · 전입신고일 : 5월 1일, 확정일자 X) 3. 근저당권 C(6월 1일) 4. 주택임차인 B : 확정일자 O(7월 1일)

1. **주택임차인 B의 대항력 인정여부?**

   B는 말소기준권리인 A의 근저당권보다 대항력을 늦게 취득하였으므로 경매시 매수인 乙에게 대항할 수 없다.

2. **배당순서 :** ① A ② C ③ B

3. **B가 보증금 전액을 변제받지 못하였을 경우, 주택임차인 B는 매수인 乙에게 대항할 수 있는가?** X

사례 2

乙이 경락받은 甲 주택의 권리관계 1. 주택임차인 B(주택 인도 · 전입신고일 : 5월 1일, 확정일자 X) 2. 근저당권 A(6월 1일) 3. 주택임차인 B : 확정일자 O(7월 1일)

1. **주택임차인 B의 대항력 인정여부?** 대항력 O(말소기준권리인 A의 근저당권보다 대항력을 빨리 취득하였으므로)

2. 경매시 B는 매수인 乙에게 자신의 대항력을 주장하여 남은 기간 동안 거주하다가 기간 종료시 乙에게 보증금을 받고 나갈 수 있다.

04 | 주택임차권의 대항력

(1) 대항력의 발생

① 주택의 임대차는 그 등기가 없는 경우에도 임차인이 **주택의 인도**와 **주민등록**을 마친 때에는 그 다음 날부터 제3자에 대하여 효력이 생긴다.

② 주택의 점유와 주민등록은 대항력의 **취득요건**이자 **존속요건**이므로, 대항력의 존속을 위해서 주택의 점유와 주민등록은 **계속 존속**되어야 한다.

(2) 대항력 발생요건

1) 주택의 인도

임대인의 승낙을 받아 임차주택을 전대하고 그 **전차인**이 주택을 인도받아 자신의 **주민등록(전입신고)**을 마친 때에는 임차인은 제3자에 대하여 대항력을 취득한다.

2) 주민등록

(3) 대항력의 내용

1) 임대인 지위 승계

임차주택의 양수인 기타 임대할 권리를 승계한 자는 임대인 지위를 **승계**한 것으로 본다.

2) 보증금반환채무의 면책적 이전

① 임차주택의 소유권이 이전된 경우, 임대차보증금반환채무도 **양수인**에게 이전되며 양도인의 보증금반환채무는 소멸한다.

② 주택임대차보호법상 대항력을 갖춘 임차인의 임대차보증금반환채권이 가압류된 상태에서 임대주택이 양도된 경우, 양수인이 채권가압류의 **제3채무자의 지위를 승계**하므로 가압류채권자는 **양수인**에 대하여만 가압류의 효력을 주장할 수 있다.

| 05 | 보증금의 보호 |

(1) 보증금 우선변제권

주택임대차의 **대항요건**과 임대차계약증서상의 **확정일자**를 갖춘 임차인은 경매 또는 공매시 임차주택(**대지 포함**)의 환가대금에서 후순위 권리자 기타 채권자보다 우선하여 보증금을 변제받을 권리가 있다.

(2) 소액보증금 최우선변제권

1) 최우선변제권의 의의

소액임차인은 **대지를 포함**한 임차주택의 경매대금에서 보증금 중 일정액을 다른 담보물권자보다 우선하여 변제받을 권리가 있다. 이 경우 임차인은 주택에 대한 **경매신청의 등기 전**에 대항요건을 갖추어야 한다.

2) 소액임차인의 기준 및 최우선변제액 : 차임 X

기 간	지 역	소액임차인 기준	보증금 중 일정액 (최우선변제액)
2023. 2. 21. 이후	서울특별시	1억 6,500원 이하	5,500만원 한도
	수도권정비계획법에 따른 과밀억제권역(서울특별시는 제외한다), 세종특별자치시, 용인시, 화성시 및 김포시	1억 4,500만원 이하	4,800만원 한도
	광역시(수도권정비계획법에 따른 과밀억제권역에 포함된 지역과 군지역은 제외한다), 안산시, 광주시, 파주시, 이천시 및 평택시	8,500만 원 이하	2,800만원 한도
	그 밖의 지역	7,500만 원 이하	2,500만원 한도

3) 최우선변제권의 내용

최우선변제 대상 보증금액이 주택가액(**대지 포함**)의 2분의 1을 초과하는 경우에는 주택 가액의 **2분의 1**에 해당하는 금액에 한하여 최우선변제권이 있다.

(3) 차임 등의 증감청구권(제7조)

1) 증감청구권의 행사

당사자는 약정한 차임이나 보증금이 임차주택에 관한 조세, 공과금, 그 밖의 부담의 증감이나 경제사정의 변동으로 인하여 적절하지 아니하게 된 때에는 장래에 대하여 그 **증감을 청구**할 수 있다. 이 경우 **증액청구**는 임대차계약 또는 약정한 차임이나 보증금의 증액이 있은 후 **1년** 이내에는 하지 못한다.

2) 증액청구의 제한

① 증액청구는 약정한 차임이나 보증금의 **20분의 1(5%)**의 금액을 초과하지 못한다.

② 이 규정은 임대차**계약의 존속 중 당사자 일방이** 차임 등의 증감을 **청구**한 때에 한하여 적용되고, 임대차계약이 종료된 후 **재계약**을 하거나 또는 임대차계약 종료 전이라도 당사자의 **합의로 차임 등이 증액**된 경우에는 적용되지 않는다.

상가건물 임대차보호법

01 상가건물 임대차보호법의 적용범위

(1) 적용대상

① 상가건물(**사업자등록의 대상**이 되는 건물)의 임대차(임대차 목적물의 주된 부분을 영업용으로 사용하는 경우를 포함)에 적용된다.

② **미등기전세**에 준용된다.

③ **일시사용을 위한 임대차**임이 명백한 경우에는 적용되지 아니한다.

④ **비영리**의 건물임대차(교회, 동창회, 종친회 등)에는 적용되지 아니한다.

(2) 적용범위

① 대통령령이 정하는 보증금액(환산보증금)을 초과하는 임대차에 대하여는 적용되지 아니한다(제2조 제1항).

② 상가건물 임대차보호법이 적용되는 범위(대통령령)

   ㉠ 서울특별시 : **9억 원**

   ㉡ 과밀억제권역(서울특별시 제외) 및 부산광역시 : 6억 9천만 원

   ㉢ 광역시(수도권정비계획법에 따른 과밀억제권역에 포함된 지역과 군지역, 부산광역시는 제외), 세종특별자치시, 파주시, 화성시, 안산시, 용인시, 김포시 및 광주시 : 5억 4천만 원

   ㉣ 그 밖의 지역 : 3억 7천만 원

③ 다만 제3조(대항력 등), 제10조 제1항, 제2항, 제3항 본문(계약갱신 요구 등), 제10조의2부터 제10조의9까지의 규정, 제11조의2 및 제19조는 제2조 제1항 단서에 따른 보증금액을 초과하는 임대차에 대하여도 적용한다.

※ 보증금액이 제2조 제1항 단서의 금액을 초과하는 경우

이 법 제2조 제1항 단서에 따른 보증금액을 **초**과하는 상가임대차(예컨대 서울특별시의 경우 9억 원을 초과하는 상가임대차)에 대해서도 이 법의 일부 규정이 적용된다.

1. 임차인의 차임연체액이 "**3기**"의 차임액에 달하는 때에는 임대인은 계약을 해지할 수 있다(제10조의8).
2. **권**리금의 보호에 관한 규정(제10조의3 내지 제10조의7)
3. **폐**업으로 인한 임차인의 해**지**권
4. **대**항력
5. **표**준권리금계약서(제10조의6), 상가건물임대차**표**준계약서(제19조)
6. **계약갱**신요구권

---

02 │ 상가임차권의 대항력

(1) 대항력 발생

① 상가건물 임대차는 그 등기가 없는 경우에도 임차인이 **건물의 인도**와 **사업자등록을 신청**한 때에는 그 다음날부터 제3자에 대하여 효력이 생긴다.

② 임차인이 **폐업신고**를 하였다가 다시 같은 상호 및 등록번호로 사업자등록을 하였다고 하더라도 종전의 대항력 및 우선변제권이 그대로 존속한다고 할 수 없다.

③ 대항력 있는 임차인이 적법하게 상가건물을 전대하여 **전차인**이 이를 직접점유하면서 그 명의로 **사업자등록**을 하였다면, 임차인의 대항력이 유지된다.

(2) 대항력의 내용

임차건물의 양수인 기타 임대할 권리를 승계한 자는 임대인 지위를 **승계**한 것으로 본다.

---

03 │ 보증금의 보호

(1) 임차보증금의 우선변제권

상가건물임차권의 **대항요건**과 관할 세무서장으로부터 임대차계약서상의 **확정일자**를 갖춘 임차인은 경매 또는 공매시 임차건물(임대인 소유의 **대지 포함**)의 환가대금에서 후순위권리자 그 밖의 채권자보다 우선하여 보증금을 변제받을 권리가 있다.

(2) 소액보증금 최우선변제권

1) 최우선변제권의 의의

임차인은 보증금 중 일정액을 다른 담보물권자보다 우선하여 변제받을 권리가 있다.

2) 소액임차인의 기준 및 최우선변제액 : 환산보증금

기 간	지 역	소액임차인 기준	최우선변제액
2014. 1. 1. 이후	서울특별시	6,500만 원 이하	2,200만 원
	수도권정비계획법에 따른 과밀억제권역(서울특별시는 제외한다)	5,500만 원 이하	1,900만 원
	광역시(수도권정비계획법에 따른 과밀억제권역에 포함된 지역과 군지역은 제외한다), 안산시, 용인시, 김포시 및 광주시	3,800만 원 이하	1,300만 원
	그 밖의 지역	3,000만 원 이하	1,000만 원

3) 최우선변제권의 내용

① 최우선변제권의 발생요건 : 소액임차인이 **대항요건**을 갖추어야 한다. 이 경우 임차인은 건물에 대한 **경매신청의 등기 전**에 대항요건을 갖추어야 한다.

② 임차인의 보증금 중 일정액이 상가건물의 가액(임대인 소유의 **대지가액을 포함**)의 2분의 1을 초과하는 경우에는 상가건물의 가액의 **2분의 1**에 해당하는 금액에 한하여 우선변제권이 있다.

(3) 임차권등기명령제도 : 주택임대차보호법과 동일

(4) 차임 등의 증감청구권

증액의 경우에는 대통령령으로 정하는 기준에 따른 비율(청구 당시의 차임 또는 보증금의 **100분의 5**)을 초과하지 못한다.

(5) 폐업으로 인한 임차인의 해지권

① 임차인은「감염병의 예방 및 관리에 관한 법률」제49조 제1항 제2호에 따른 집합 제한 또는 금지 조치(운영시간을 제한한 조치를 포함한다)를 **총 3개월 이상** 받음으로써 발생한 경제사정의 중대한 변동으로 폐업한 경우에는 임대차계약을 해지할 수 있다.

② ①에 따른 해지는 임대인이 계약해지의 통고를 받은 날부터 **3개월**이 지나면 효력이 발생한다.

04 | 존속기간 보장

(1) 최단기간의 보장과 임대차관계의 존속

1) 최단기간의 보장

기간의 정함이 없거나 기간을 1년 미만으로 정한 상가건물임대차는 그 기간을 **1년**으로 본다. 다만 **임차인**은 1년 미만으로 정한 기간이 유효함을 주장할 수 있다.

2) 임대차관계의 존속

임대차가 종료한 경우에도 임차인이 보증금을 반환받을 때까지는 임대차관계가 존속하는 것으로 본다.

(2) 묵시적 갱신(법정갱신)

① **임대인**이 기간만료 전 6월에서 1월까지 임차인에 대하여 갱신거절의 통지 또는 조건을 변경하지 않으면 갱신하지 아니한다는 통지가 없으면 기간 만료시 전임대차와 동일한 조건으로 다시 임대차한 것으로 본다. 이 경우 존속기간은 **1년**으로 본다.

② 법정갱신된 경우 **임차인**은 언제든지 해지를 통고할 수 있고 **3월**이 경과하면 효력이 발생한다.

05 | 계약갱신요구권

① 임차인은 임대인에게 임대차**기간 만료 전 6월부터 1월까지** 사이에 최초 임대차기간을 **포함**하여 **10년**을 초과하지 않는 범위 내에서 계약갱신을 요구할 수 있다. 이 경우 임대인은 정당한 사유가 없는 한 이를 거절할 수 없다.

② 갱신된 임대차는 전임대차와 동일한 조건으로 다시 계약된 것으로 본다. 다만 차임과 보증금은 청구당시의 차임 또는 보증금의 **100분의 5**의 금액 안에서 증감할 수 있다.

③ 임대인의 동의를 받고 전대차계약을 체결한 전차인은 임차인의 계약갱신요구권 행사기간 범위 내에서 **임차인을 대위(직접 X)**하여 임대인에게 계약갱신요구권을 행사할 수 있다.

④ 임대인은 아래와 같은 정당한 사유에 해당하는 경우에는 임차인의 계약갱신요구를 거절할 수 있다(제10조 제1항).

※ 임대인의 계약갱신요구 거절사유

1. 임차인이 **3**기의 차임액에 해당하는 금액에 이르도록 차임을 연체한 사실이 있는 경우
2. 임차인이 거짓이나 그 밖의 **부**정한 방법으로 임**차**한 경우
3. 서로 **합**의 하에 임대인이 임차인에게 상당한 **보상**을 제공한 경우
4. 임차인이 임대인의 동의 없이 목적 건물의 전부 또는 **일부**를 **전**대한 경우
5. 임차인이 임차한 건물의 전부 또는 **일부**를 고의 또는 **중**대한 과실로 파손한 경우
6. 임차한 건물의 전부 또는 **일부**가 **멸**실되어 임대차의 목적을 달성하지 못할 경우
7. 임대인이 다음 각 목의 어느 하나에 해당하는 사유로 목적 건물의 전부 또는 **대부분**을 **철**거하거나 재건축하기 위하여 목적 건물의 점유를 회복할 필요가 있는 경우
   가. 임대차계약 체결 당시 공사시기 및 소요기간 등을 포함한 철거 또는 재건축 계획을 임차인에게 구체적으로 **고**지하고 그 계획에 따르는 경우
   나. 건물이 노후·훼손 또는 일부 멸실되는 등 **안**전사고의 우려가 있는 경우
   다. 다른 법령(**타**법령)에 따라 철거 또는 재건축이 이루어지는 경우
8. 그 밖에 임차인이 임차인으로서의 의무를 현저히 위반하거나 임대차를 계속하기 어려운 중대한 사유가 있는 경우

06 권리금 보호

(1) 권리금의 정의 등(법 제10조의 3)

권리금 계약이란 신규임차인이 되려는 자가 **임차인**에게 권리금을 지급하기로 하는 계약을 말한다.

(2) 권리금 회수기회 보호 등(법 제10조의 4)

1) 임차인의 권리금 보호

임대인은 임대차**기간이 끝나기 6개월 전부터 임대차 종료 시까지** 다음 어느 하나에 해당하는 행위를 함으로써 권리금 계약에 따라 임차인이 주선한 신규임차인이 되려는 자로부터 권리금을 지급받는 것을 방해하여서는 아니 된다. 다만, **제10조 제1항 각 호의 어느 하나에 해당하는 사유**가 있는 경우에는 그러하지 아니하다.

① 임차인이 주선한 신규임차인이 되려는 자에게 권리금을 요구하거나 임차인이 주선한 신규임차인이 되려는 자로부터 권리금을 수수하는 행위

② 임차인이 주선한 신규임차인이 되려는 자로 하여금 임차인에게 권리금을 지급하지 못하게 하는 행위

③ 임차인이 주선한 신규임차인이 되려는 자에게 상가건물에 관한 조세, 공과금, 주변 상가건물의 차임 및 보증금, 그 밖의 부담에 따른 금액에 비추어 현저히 고액의 차임과 보증금을 요구하는 행위

④ 그 밖에 정당한 사유 없이 임대인이 임차인이 주선한 신규임차인이 되려는 자와 임대차계약의 체결을 거절하는 행위

2) 손해배상책임

임대인이 권리금 계약에 따라 임차인이 주선한 신규임차인이 되려는 자로부터 권리금을 지급받는 것을 방해하여 임차인에게 손해를 발생하게 한 때에는 그 손해를 배상할 책임이 있다. 임대인에게 손해배상을 청구할 권리는 **임대차가 종료한 날**부터 **3년** 이내에 행사하지 아니하면 시효의 완성으로 소멸한다.

(3) 권리금 적용 제외(법 제10조의 5)

제10조의 4(권리금 회수기회 보호 등)는 다음 어느 하나에 해당하는 상가건물 임대차의 경우에는 적용하지 아니한다.

① 임대차 목적물인 상가건물이 「유통산업발전법」 제2조에 따른 **대규모점포** 또는 **준대규모점포**의 일부인 경우(다만, 「전통시장 및 상점가 육성을 위한 특별법」 제2조 제1호에 따른 **전통시장**은 **제외**한다)

② 임대차 목적물인 상가건물이 「국유재산법」에 따른 **국유재산** 또는 「공유재산 및 물품 관리법」에 따른 **공유재산**인 경우

07 　차임연체와 해지(법 제10조의 8)

임차인의 차임연체액이 **3기**의 차임액에 달하는 때에는 임대인은 계약을 해지할 수 있다.

Chapter 03 집합건물의 소유 및 관리에 관한 법률

01 전유부분과 공용부분

(1) 전유부분

① 구분소유권의 객체가 된 건물부분을 **전유부분**이라고 한다.

② 건물의 일부에 구분소유권이 성립하기 위해서는 건물의 일부가 '**구조상, 이용상 독립성**'을 갖추고 소유자의 '**구분행위(구분의사)**'가 있어야 한다.

③ 1동의 건물 및 구분행위에 상응하는 구분건물이 **객관적 · 물리적으로 완성**되면 아직 그 건물이 집합건축물대장에 등록되거나 구분건물로서 등기부에 등기되지 않았더라도 그 시점에서 구분소유권이 성립한다.

(2) 공용부분

① 공용부분은 원칙적으로 구분소유자 전원의 **공유**에 속한다.

② 집합건물의 공용부분은 지분비율이 아니라 **그 용도에 따라** 사용한다.

③ 공용부분의 지분은 그 **전유부분의 처분**에 따르며, 공용부분에 관한 물권의 득실변경은 **등기**가 필요하지 아니한다.

02 구분소유건물의 관리

(1) 공용부분의 관리

① **공용부분** 체납관리비는 특별승계인에게 승계되나, **전유부분**의 체납관리비나 공용부분에 대한 체납관리비의 **연체료**는 승계되지 않는다.

② 구분소유자 중 일부가 정당한 권원 없이 구조상 공용부분인 복도와 로비를 배타적으로 점유 · 사용하여 다른 구분소유자가 사용하지 못하였다면, 특별한 사정이 없는 한 이로 인하여 얻은 이익을 다른 구분소유자에게 **부당이득**으로 반환하여야 한다.

③ 집합건물의 구분소유자가 관리단집회 결의나 다른 구분소유자의 동의 없이 공용부분의 전부 또는 일부를 독점적으로 점유·사용하고 있는 경우, 다른 구분소유자는 공용부분의 보존행위로서 그 **인도를 청구**할 수는 없고, 특별한 사정이 없는 한 자신의 지분권에 기초하여 공용부분에 대한 방해 상태를 제거하거나 공동 점유를 방해하는 행위의 금지 등을 청구할 수 있다.

(2) 관리단과 관리인

① 관리단은 어떠한 **조직행위**를 거쳐야 하는 것이 아니라 **구분소유자 전원**으로 **당연히 성립한다.**

② 관리단은 당연히 성립하나, 관리인은 반드시 있어야 하는 것은 아니다(구분소유자가 **10인** 이상인 경우에만 선임의무가 있다).

③ 관리인은 구분소유자일 필요 없다.

(3) 분양자 및 시공자의 담보책임

① 분양자 및 시공자는 건물의 하자에 대해 담보책임을 진다.

② 기산점

　㉠ 전**유**부분 : 구분소**유**자에게 인도한 날

　㉡ 공**용**부분 : 사**용**검사일 또는 사**용**승인일

(4) 재건축

① 재건축 결의는 구분소유자 및 의결권의 **5분의 4** 이상의 결의에 의하며, **서면결의**도 가능하다.

② 결의 후 집회소집자는 결의에 찬성하지 않는 구분소유자에 대하여 결의내용에 따른 재건축 참가 여부의 회답을 **서면**으로 촉구(최고)하여야 한다.

가등기담보 등에 관한 법률

01 적용범위와 법적성질

(1) 적용범위

1) 소비대차에 기한 채권(대여금채권)

매매대금채권, 공사대금채권 등을 담보하기 위하여 가등기 내지 소유권이전등기를 한 경우에는 가등기담보법이 적용되지 않는다.

2) 대물변제 예약을 한 경우

3) 담보목적물의 가액이 피담보채권액을 **초과**하는 경우

4) 등기, 등록에 의해 공시되는 물건이나 재산권

(2) 가등기담보의 성질

① 가등기담보권의 성질은 **저당권**과 같다. 따라서 부종성, 수반성, 불가분성, 물상대위성이 인정된다.

② 가등기가 담보가등기인지 여부는 그 등기부상 표시에 의하여 형식적으로 결정될 것이 아니고 **거래의 실질**과 **당사자의 의사해석**에 따라 결정될 문제라고 할 것이다.

③ 일반적으로 부동산을 채권담보의 목적으로 양도한 경우 특별한 사정이 없는 한 목적부동산에 대한 사용수익권은 **채무자인 양도담보설정자**에게 있으므로, 양도담보권자는 사용수익할 수 있는 정당한 권한이 있는 **채무자**나 **채무자로부터 그 사용수익할 수 있는 권한을 승계한 자**(임차인 등)에 대하여는 사용수익을 하지 못한 것을 이유로 **임료 상당의 손해배상청구**나 **부당이득반환청구**를 할 수 없다.

02 | 가등기담보권의 실행

(1) 권리취득에 의한 실행(귀속청산만 허용되며 처분청산은 허용되지 않음)

1) 담보권 실행의 통지

① 통지사항 : 청산금

㉠ 청산금 : 목적부동산의 평가액에서 피담보채권액과 선순위권리자의 채권액을 제외한 금액이다.

㉡ 청산금이 없다면 청산금이 없다는 뜻을 **통지**하여야 한다.

㉢ 주관적으로 평가한 청산금이 객관적인 가액에 미달하더라도 통지로서 **유효**하다.

② 평가액의 통지를 하고 나면 채권자는 그가 통지한 청산금의 수액에 관하여 **다툴 수 없다.**

2) 청 산

① 청산절차를 거치지 않고 가등기담보권자가 등기를 하더라도 소유권을 취득할 수 없다.

② **청산기간의 경과** : 통지가 채무자 등에게 도달한 날부터 2월

3) 채무자 등의 말소청구권

① 채무자 등은 청산금을 지급받지 못한 때에는 청산기간이 지난 후에도 채무의 원리금을 변제하고 등기의 말소를 청구할 수 있다.

② 다만 청산금을 지급받지 못한 경우에도 채무의 **변제기로부터 10년이 경과**하거나 **선의의 제3자가 소유권을 취득**한 경우에는 등기말소를 청구할 수 없다.

4) 본등기에 의한 소유권의 취득

① 가등기담보권자는 청산금을 지급하고 본등기를 하여야 소유권을 취득한다. 이 경우 담보권자의 **청산금의 지급**과 채무자의 **부동산의 소유권이전등기 및 인도의무**는 **동시이행의 관계**에 있다.

② 양도담보권자는 청산금을 지급하면 바로 소유권을 취득한다. 청산금이 없으면 청산기간이 지나면 바로 소유권을 취득한다.

③ 채권담보를 위하여 소유권이전등기를 경료한 양도담보권자는 채무자가 피담보채무의 이행지체에 빠졌을 때에는 **담보권의 실행으로서** 채무자나 채무자로부터 적법하게 목적 부동산의 점유를 이전받은 제3자에게 목적 부동산의 인도청구를 할 수 있으나, **소유권에 기하여** 그 인도를 구할 수는 없다.

5) 후순위 권리자의 보호

후순위권리자는 **청산기간 내**라면 자신의 **채권이 변제기 도래 전**이라도 **경매를 청구**할 수 있다.

(2) 경매에 의한 공적실행

① 경매의 경우에는 가등기담보권을 **저당권**과 동일하게 취급한다.

② 담보가등기를 마친 부동산에 대하여 **강제경매** 등이 행하여진 경우에는 담보가등기권리는 그 부동산의 매각에 의하여 **소멸**한다.

부동산 실권리자명의 등기에 관한 법률

01 총 설

(1) 실명등기의무

누구든지 부동산에 관한 **물권**을 명의신탁약정에 의하여 명의수탁자의 명의로 등기하여서는 아니된다.

(2) 명의신탁약정의 효력

① 명의신탁**약정**과 그에 따는 **등기**는 **무효**로 한다.

② 명의신탁약정 및 그에 따른 등기의 무효는 **제3자(선의·악의 불문)**에게 대항하지 못한다.

(3) 명의신탁약정 및 등기의 효력

① 원칙 : 명의신탁**약정** 및 **등기**는 **무효**이다.

② 특례 : 다음의 경우에는 조세 포탈, 강제집행의 면탈 또는 법령상 제한의 회피의 목적이 없을 경우 명의신탁**약정** 및 **등기**는 **유효**하다.

　㉠ **종중(宗中)**이 보유한 부동산에 관한 물권을 종중 외의 자의 명의로 등기한 경우

　㉡ **배우자** 명의로 부동산에 관한 물권을 등기한 경우 : 여기서 말하는 배우자에는 **사실혼 배우자**는 포함되지 않으므로 사실혼 배우자에 대한 명의신탁은 무효이다.

　㉢ **종교단체**의 명의로 그 산하 조직이 보유한 부동산에 관한 물권을 등기한 경우

③ 수탁자와 거래한 제3자 : **선의·악의를 불문**하고 권리 취득한다.

02 | 명의신탁의 유형

(1) 2자간 명의신탁

1) 무효인 명의신탁인 경우(원칙적 모습)

① 甲(신탁자)과 乙(수탁자) 사이의 명의신탁**약정** 및 **등기** 모두 **무효**

② 乙의 등기는 무효이므로 소유자는 甲이다.

③ 甲은 乙에게 명의신탁약정 **해지**를 원인으로 등기말소를 청구할 수 없다.

④ 甲은 **소유권에 기한 방해제거청구권으로** 乙의 등기말소를 청구할 수 있다.

⑤ 甲은 소유권이전등기를 청구할 수 있다(진정명의회복).

⑥ 乙이 제3자 丙에게 부동산을 처분한 경우 丙은 **선의·악의를 불문**하고 권리 취득한다.

2) 유효인 명의신탁인 경우(종중, 배우자, 종교단체 간)

① 甲(신탁자)과 乙(수탁자) 사이의 명의신탁**약정** 및 **등기**는 **유효**

② **대내적 소유자**는 甲이고, **대외적 소유자**는 乙이다.

③ 甲과 乙 사이에서는 甲이 소유자이므로 甲은 명의신탁약정 **해지**를 원인으로 乙의 등기말소를 청구할 수 있다.

④ 乙이 제3자 丙에게 부동산을 처분한 경우 丙은 **선의·악의를 불문**하고 권리를 취득한다.

⑤ 丁이 乙 등기를 위조하여 자기 명의로 등기한 경우, **대외적 소유자인 乙**은 丁 등기를 직접 말소청구할 수 있다. 甲은 직접 丁 등기 말소를 구할 수 없다.

⑥ 戊가 부동산을 불법점유하는 경우, **대외적 소유자인 乙**만이 戊를 상대로 물권적 청구권(반환청구권)을 행사할 수 있다. 甲은 직접 행사할 수 없다.

(2) 3자간 등기명의신탁(중간생략형 명의신탁)

① 신탁자와 수탁자 사이의 명의신탁**약정**이 **무효**이므로 수탁자 앞으로 경료된 이전 **등기**는 **무효**이다.

② 매도인과 신탁자 사이의 **매매계약**은 **유효**하다.

③ 신탁자는 수탁자를 상대로 부당이득반환을 원인으로 소유권이전등기를 청구할 수 없으며, 신탁자는 **매도인을 대위**하여 수탁자 명의의 등기말소를 청구할 수 있다.

④ 수탁자가 제3자에게 당해 부동산을 처분한 경우, 제3자는 **선의·악의를 불문**하고 유효하게 권리를 취득한다.

(3) 계약명의신탁(위임형 명의신탁)

1) 유효성

계약명의신탁**약정**은 **무효**이나, 수탁자 앞으로 경료된 **등기**의 효력은 매도인의 선의 · 악의 여부에 따라 달라진다.

2) 매도인이 선의인 경우

① 신탁자와 수탁자 사이의 명의신탁**약정**은 **무효**이다.

② 매도인과 수탁자 사이의 **매매계약**과 **등기**는 **유효**하므로 수탁자는 유효하게 소유권을 취득한다.

③ 신탁자는 수탁자에게 부동산 자체가 아닌 **부동산 매수자금**을 부당이득으로 반환청구할 수 있으나, **유치권**을 행사할 수 없다.

④ 수탁자가 제3자에게 처분한 경우, 제3자는 **선의 · 악의를 불문**하고 유효하게 소유권을 취득한다.

3) 매도인이 악의인 경우

① 신탁자와 수탁자 사이의 명의신탁**약정**은 **무효**이다.

② 매도인과 수탁자 사이의 **매매계약**과 **등기**도 **무효**이다.

③ 수탁자가 제3자에게 처분한 경우, 제3자는 **선의 · 악의를 불문**하고 유효하게 소유권을 취득한다.

제36회 공인중개사 시험대비 **전면개정판**

2025 박문각 공인중개사
김화현 필수서 **1차** 민법·민사특별법

초판인쇄 | 2025. 1. 20.　**초판발행** | 2025. 1. 25.　**편저** | 김화현 편저

발행인 | 박 용　**발행처** | (주)박문각출판　**등록** | 2015년 4월 29일 제2019-000137호

주소 | 06654 서울시 서초구 효령로 283 서경빌딩 4층　**팩스** | (02)584-2927

전화 | 교재 주문 (02)6466-7202, 동영상문의 (02)6466-7201

저자와의
협의하에
인지생략

정가 16,000원
ISBN 979-11-7262-576-4